# 新訂朱子全書

附外編

13

[宋]朱熹 撰
朱傑人 嚴佐之 劉永翔 主編

上海古籍出版社

# 本册書目

宋名臣言行録……一
伊洛淵源録……四九七

# 宋名臣言行録

李偉國　校點

# 校點説明

朱熹五朝名臣言行録　三朝名臣言行録，自孝宗　乾道八年（一一七二年）初刊行世以後，在理宗　景定間被李幼武編入宋名臣言行録爲前後集，兩集卷前均署「晦菴先生朱熹纂輯、太平老圃李衡校正」。前後集本的篇幅僅爲「五朝」「三朝」本的一半，但可以看出，此本在大量删削的同時，也查閲了許多原始資料，有所訂正。到目前爲止，對於李衡的「校正」是否包含删簡工作尚難確定，如李衡僅爲一般的文字校訂，則亦有可能「删簡」乃朱熹本人所爲。經删減的版本稍稍減弱了史料功能，而更突出了教法功能。而且包含前後集本的宋名臣言行録在宋代以後多次被翻刻，流傳更廣，影響更大。先師裴汝誠教授和學長顧宏義教授曾發表論文以爲朱熹名臣言行録之兩種版本不可偏廢，均有獨立存在之價值，言之成理。五朝三朝本和前後集本均爲朱熹重要著作，均應予以整理出版。

李幼武合刊之宋名臣言行録宋本今已難見，現即以清洪瑩、顧千里校刻本爲底本，校以中山大學圖書館藏元刊本、明張采校刻本等，並參校宋代相關著作予以校點。

朱熹名臣言行録各本序跋和書目提要甚多，現擇其要者附於書後。

有關朱熹名臣言行録的編纂、爭議及價值等論述，見八朝名臣言行録校點說明，此不贅。限於學識，錯誤難免，敬祈方家不吝指正。

李偉國

二〇一九年十二月

# 宋名臣言行録前集

# 目録


卷一……九
趙普　韓國忠獻王……九
曹彬　濟陽武惠王……一六
范質……二二
竇儀……二五
李昉……二八
蒙正……二九
張齊賢……三二
卷二……三四
吕端　正惠公……三四
錢若水　宣靖公……三六

李沆　文靖公……四〇
王旦　魏國文正公……四四
卷三……五六
向敏中　文簡公……五六
陳恕　晉公……五八
張詠　忠定公……六一
馬知節　正惠公……七〇
曹瑋　武穆公……七一
卷四……七五
畢士安　文簡公……七五
寇準　萊國忠愍公……七六
高瓊　衛國武烈王……八七
楊億　文公……八八
王曙　文康公……九一
卷五……九三

王曾　沂國文正公……九三
李迪　文定公……九七
魯宗道　肅簡公……一〇〇
薛奎　簡肅公……一〇二
蔡齊　文忠公……一〇三
卷六……一〇六
呂夷簡　許國文靖公……一〇六
陳堯佐　文惠公……一一三
晏殊　元獻公……一一五
宋庠　鄭國元獻公……一一七
韓億　忠憲公……一一九
程琳　文簡公……一二二
卷七……一二三
杜衍　祁國正獻公……一二三
范仲淹　文正公……一二八

种世衡……一三七
卷八……一四三
龐籍　潁國莊敏公……一四三
狄青　武襄公……一四六
吳育　正肅公……一五四
王堯臣　文忠公……一五六
包拯　孝肅公……一五七
王德用　魯國武恭公……一五八
卷九……一六一
田錫……一六一
王禹偁……一六三
孫奭　宣公……一六六
李及　恭惠公……一六八
孔道輔……一六九
尹洙……一七二

余靖　襄公……一七五
王質……一七八
孫甫……一七九

卷十……一八四

陳摶　希夷先生穆脩、种放、魏野、李之才、林逋附……一八四
胡瑗　安定先生……一九〇
孫復　泰山先生……一九五
石介　徂徠先生……一九六
蘇洵　老泉先生……一九九

# 宋名臣言行録前集卷第一〔一〕

## 趙普　韓國忠獻王

字則平，幽州人。事太祖、太宗，位至中書令。配享太祖廟庭。

普爲滁州判官，太祖與語，奇之。會獲盜百餘人，將就死，普意其有寃，啓太祖更訊之，所全活十七八。范蜀公蒙求

太祖既得天下，誅李筠、李重進，召趙普問曰：「天下自唐季以來，數十年間，帝王凡易十姓，兵革不息，蒼生塗地，其故何也？吾欲息天下之兵，爲國家建長久之計，其道何如？」普曰：「陛下之言及此，天地人神之福也。唐季以來，戰鬭不息，國家不安者，其故非它，節鎮太重，君弱臣强而已。今所以治之，無它奇巧，惟稍奪其權，制其錢穀，收其精兵，則天下自安矣。」語未畢，上曰：「卿勿復言，吾已諭矣。」頃之，上因晚朝，與故人石守信、王審琦等

飲酒酣，上屏左右謂曰：「我非爾曹之力，不得至此，念汝之德，無有窮已。然爲天子亦大艱難，殊不若爲節度使之樂，吾今終夕未嘗敢安枕而卧也。」守信等皆曰：「何故？」上曰：「是不難知，居此位者，誰不欲爲之？」守信等皆惶恐，頓首曰：「陛下何爲出此言？今天命已定，誰敢有異心？」上曰：「不然。汝曹雖無心，其如汝麾下之人欲富貴者何？一旦以黄袍加汝身，汝雖欲不爲，不可得也。」皆頓首涕泣曰：「臣等愚不及此，唯陛下哀憐，指示可生之塗。」上曰：「人生如白駒過隙，所爲好富貴者，不過欲多積金錢，厚自娱樂，使子孫無貧乏耳。汝曹何不釋去兵權，擇便好田宅市之，爲子孫立永久之業，多置歌兒舞女，日飲酒相驩，以終其天年。君臣之間，兩無猜嫌，上下相安，不亦善乎！」皆再拜謝曰：「陛下念臣及此，所謂生死而肉骨也。」明日，皆稱疾，請解軍權。上許之，皆以散官就第，所以尉撫賜賚之甚厚，與結婚姻。更置易制者，使主親軍。其後，又置轉運使、通判，使主諸道錢穀。收選天下精兵，以備宿衛。而諸功臣亦以善終，子孫富貴，迄今不絶。鄙非韓王謀慮深長，太祖聰明果斷，天下何以治平？至今戴白之老，不覩干戈，聖賢之見，何其遠哉！普爲人陰刻，當其用事時，以睚眦中傷人甚多，然其子孫至今享福禄，國初大臣鮮能及者，得非安天下之謀，其功大乎？太祖既納韓王之謀〔二〕，數遣使者分詣諸道，選擇精兵。凡其材力伎藝有過人者，皆收補禁軍，聚之京師，以備宿衛，厚其糧賜，居常躬自按閲訓練，皆一以當百。諸鎮皆自知兵力精鋭非京師之敵，莫敢有異心者，由我太祖能强幹弱支，制治於未亂故也〔三〕。

太祖寵待韓王如左右手。御史中丞雷德驤劾奏普强市人第宅，聚斂財賄，上怒叱之曰：「鼎鐺尚有耳，汝不聞趙普吾之社稷臣乎？」命左右曳於庭數匝，徐使復冠，召升殿曰：「今後不宜爾，且赦汝，勿令外人知也。」並涑水記聞

太祖即位之初，數出微行，以偵伺人情，或過功臣之家，不可測。普每退朝，不敢脱衣冠。一日大雪向夜，普謂帝不復出矣。久之，聞叩門聲，普亟出，帝立風雪中。普惶懼迎拜，帝曰：「已約晉王矣。」已而太宗至，共於普堂中設重裀地坐，熾炭燒肉。普妻行酒，帝以嫂呼之。普從容問曰：「夜久寒甚，陛下何以出？」帝曰：「吾睡不能着，一榻之外，皆他人家也。故來見卿。」普曰：「陛下小天下耶？南征北伐，今其時也。願聞成算所向。」帝曰：「吾欲下太原。」普默然久之，曰：「非臣所知也。」帝問其故，普曰：「太原當西北二邊，使一舉而下，則二邊之患，我獨當之，何不姑留，以俟削平諸國，則彈丸黑誌之地，將無所逃。」帝笑曰：「吾意正如此，特試卿耳。」遂定下江南之議。帝曰：「王全斌平蜀多殺人，吾今思之猶耿耿，不可用也。」普於是薦曹彬爲將，以潘美副之。邵氏聞見録

太祖欲使符彦卿典兵，趙韓王屢諫，以爲彦卿名位已盛，不可復委以兵柄。上不聽。

宣已出，韓王復懷之請見。上曰：「卿苦疑彥卿，何也？朕待彥卿至厚，彥卿能負朕邪？」韓王曰：「陛下何以能負周世宗？」上默然，遂中止。記聞

太祖一日以幽燕地圖示中令，問所取幽燕之策。中令曰：「圖必出曹翰。」帝曰：「然。」又曰：「翰可取否？」中令曰：「翰可取，孰可守？」帝曰：「以翰守之。」中令曰：「翰死孰可代？」帝不語，久之，曰：「卿可謂遠慮矣。」帝自此絶口不言伐燕。至太宗，因平河東，乘勝欲搗燕、薊，時中令鎮鄧州，上疏力諫。其憂國愛君之深，言出乎文章之外〔四〕，雖雜陸宣公論事中不辨也。聞見録

趙普嘗欲除某人爲某官，不合太祖意，不用。明日復奏之，又不用。明日，又奏之，上怒，取其奏壞裂投地，普顔色自若，徐拾奏，歸補綴。明日，復進之，上乃寤，用之。其後果稱職。

太祖時，嘗有群臣立功，當遷官。上素嫌其人，不與。趙普堅以爲請，上怒曰：「朕固不爲遷官，將若何？」普曰：「刑以懲惡，賞以酬功，古今之通道也。且刑賞者，天下之刑賞，非陛下之刑賞也，豈得以喜怒專之？」上怒甚，起，普亦隨之。上入宮，普立於宮門，久之不去。上悟，乃可其奏。並記聞

普爲相，於廳事坐屏後，置二大甕，凡有人投利害文字，皆置中〔五〕，滿即焚於通衢。聞

見録

太祖嘗與趙普議事不合，曰：「安得宰相如桑維翰者與之謀乎！」普對曰：「使維翰在，陛下亦不用。」蓋維翰愛錢。上曰：「苟用其長，亦當護其短。措大眼孔小，賜與拾萬貫，塞破屋子矣。」楊文公談苑〔六〕

太祖豁達，既得天下，趙普屢以微時所不足者言之，欲潛加害。上曰：「不可。若塵埃中總教識天子、宰相，則人皆去尋也。」自後普不復敢言。晉公談録〔七〕

普秉政，江南後主以銀五萬兩遺普。普白太祖，太祖曰：「此不可不受，但以書答謝，少賂其來使可也。」既而後主遣其弟從善入貢，常賜外，密賚白金如遺普之數，江南君臣始震駭上之偉度〔八〕。談苑

太祖忽幸普其第。時兩浙錢俶方遣使致書及海物十瓶於普，置在左廡下。會車駕至，倉卒出迎，不及屏也。上顧見，問何物，普以實對。上曰：「此海物必佳。」即命啓之，皆滿貯瓜子金也。普皇恐，頓首謝曰：「臣未發書，實不知，若知之，當奏聞而却之。」上笑曰：「取之無慮。彼謂國家事皆由汝書生耳。」因命普謝而受之。記聞

始爲相，太祖命薛居正、呂餘慶參知政事以副之，不知印，不奏事，不押班，但奉行制書而已，事無大小，一決於王。開寶中，盧多遜因對屢攻其短，雷有鄰復訟其庇吏受賕。上

怒，下御史府案問，抵吏罪，詔參知政事更知印、押班、奏事，以分其權。

王性深沈，有岸谷，多忌克。初以吏道聞，寡學術。太祖常勸以讀書，晚年手不釋卷。爲相，以天下爲己任，沈毅果斷，當世無與爲比。

昭憲太后聰明有智度，嘗與太祖參決大政，及疾篤，太祖侍藥餌，不離左右。太后曰：「汝自知所以得天下乎？」上曰：「此皆祖考與太后之餘慶也。」太后笑曰：「不然，正由柴氏使幼兒主天下耳。」因戒太祖曰：「汝萬歲後，當以次傳之二弟，則并汝之子亦獲安矣。」太祖頓首泣曰：「敢不如母教！」太后因召趙普於榻前，爲約誓書，普於紙尾自署名云：「臣普書。」藏之金匱，命謹密宫人掌之。及太宗即位，普爲多遜所譖，出守河陽，日夕憂不測。上一旦發金匱，得書，大寤，遂遣使急召之，普惶恐，爲遺書與家人别而後行，既至，復爲相。並記聞

太平興國中，朝士祖吉典郡奸贓，事覺下獄。時郊禮將近，太宗怒其貪墨，諭旨執政，特俾郊赦不宥。趙普奏曰：「敗官抵罪，宜正刑辟。然而國家卜郊肆類，所以對越天地，告休神明，吉本何人，安足以隳改陛下赦令哉！」上善其對而止。沂公筆録

彌德超自冗列爲諸司使，驟被委遇，誣奏曹彬有不軌謀，太宗疑之。拜德超樞密副使，不數月，普拜相，因爲辯雪，上乃大悟，即逐德超而待彬如故。自是數日，上頗不懌，從容謂

普曰：「朕以聽斷不明，幾悞大事，夙夜循省，内愧于心。」普對曰：「陛下知德超才幹而任用之，察曹彬無罪而昭雪之。有勞者進，有罪者誅，物無遁情，事至立斷。此所以彰陛下之明聖也，雖堯舜何以過哉！」上於是釋然。沂公筆録

李繼遷擾邊，太宗用趙普計，封趙保忠守夏臺故地，令滅之。保忠反與繼遷合謀，大爲邊患。玉壺清話

## 校勘記

〔一〕宋名臣言行録前集卷第一　「宋」原作「五朝」，按此書實改五朝名臣言行録和三朝名臣言行録爲宋名臣言行録前集和後集，今改題，下各卷同。

〔二〕太祖既納韓王之謀　宋司馬光涑水記聞(以下簡稱涑水記聞)卷一自此句以下作另條。

〔三〕制治　「制」，涑水記聞卷一作「致」。

〔四〕言出乎文章之外　宋邵伯温邵氏聞見録(以下簡稱邵氏聞見録)卷六「言」作「有」，「外」下有「者」字。

〔五〕皆置中　邵氏聞見録作「皆置甕中」。

〔六〕楊文公談苑　按：孔平仲談苑卷四亦有此條。
〔七〕晉公談録　宋朱熹五朝名臣言行録宋淳熙刊本（以下簡稱五朝名臣言行録本）作「談録」。
〔八〕江南君臣始震駭上之偉度　宋江少虞宋朝事實類苑（以下簡稱類苑）卷一、宋曾慥類説（以下簡稱類説）卷五三引「震駭」下有「服」字，則此句可斷作「江南君臣始震駭，服上之偉度」。

## 曹彬　濟陽武惠王

字國華，真定人。事太祖、太宗、真宗，位至樞密使。配享太祖廟庭。

太祖始事周世宗於澶州，曹彬爲世宗親吏，掌茶酒。太祖嘗從求酒，彬曰：「此官酒，不敢相與。」自沽酒以飲太祖。及即位，語群臣曰：「世宗舊吏，不欺其主者，獨曹彬耳。」由是委以腹心，使監征蜀之軍。記聞

大舉伐蜀，以王爲都監。時諸將皆欲屠城殺降，以逞威暴，唯王申禁戢之令，明勸賞之法，繇是乘破竹之勢，不血刃而峽中郡縣悉下。兩川平，王與諸將會成都，大將王全斌等日夕縱酒，不恤軍事，部下列校，皆求取無厭，蜀人苦之。王屢勸全斌宜速振旅凱旋，全斌等逗留不發。卒致全師雄等作亂，郡縣相應，盜賊蜂起。王與崔彦進悉力剪平之。洎全斌等

歸闕，太祖盡得全斌等所爲事狀，又面詰王仁贍，仁贍歷詆諸將奢縱不法事，冀以自解，止言清畏廉恪，唯曹彬一人耳。太祖怒，全斌等並下吏議。即日授王宣徽南院使，充義成節度使。王獨懇請曰：「收蜀將校皆得罪，臣以無功獨蒙厚賞，恐無以勸天下。」太祖笑曰：「卿有茂功，加以不伐，設有微累，仁贍肯惜言哉！夫懲惡勸善，此所以勵臣子也。」王不敢辭。李宗諤撰行狀

彬討蜀，初克成都，有獲婦女者，彬悉閉于一第，竅以度食，且戒左右曰：「是將進御〔一〕，當密衛之。」洎事罷，咸訪其親以還之，無者備禮以嫁之。及師還，輜重甚多，或譖言：「悉奇貨也。」太祖密令伺之，圖書也，無銖金寸錦之附焉。掇遺

仁贍自劍南獨先歸闕，乞見，歷數王全斌等貪縱之狀。太祖笑謂曰：「納李廷珪女〔二〕，擅開豐德庫金寶，此又誰邪？」仁贍惶怖，叩伏待罪曰：「此行清介畏謹，但止有曹彬一人爾。」記聞

太祖遣王全斌等平蜀，全斌殺降兵三千人。時曹彬不從，但收其文案，不署字。及師還，太祖傳宣送中書取勘，左右曰：「方克復西蜀回，雖殺降兵，亦不可便案劾，今後陛下如何用人？」太祖曰：「不然。河東、江南，皆未歸服，若不勘劾，恐今後委任者轉亂殺人，但且令勘劾。」洎勘案成，宣令後殿見責，問曰：「如何敢亂殺人？」又曰：「曹彬但退，不干你事。」曹不退，但叩頭伏罪曰：「臣同商議，罪合誅戮。」太祖遂皆原之。後忽一日，宣曹并潘美曰：「命汝收江南。」又顧曹曰：「更不得似往時西川亂殺人。」曹徐奏曰：「臣若不奏，恐陛

下未知。曩日西川殺降之事，臣曾商量，固執不下，臣見收得當日文案，元不着字。」太祖令取覽之，謂曰：「如此則當時何故堅自服罪？」曰：「臣從初與全斌等同被委任，若全斌等獲罪，臣獨清雪，不爲穩便，所以一向服罪。」太祖曰：「卿既欲自當罪，又安用留此文字？」曰：「臣初謂陛下必行誅戮，故留此文書，令老母進呈，乞全老母之命。」太祖尤器遇之。晉公談録

太祖遣曹彬、潘美征江南，彬辭才力不逮，乞別選能臣，美盛言江南可取。帝大言諭彬曰：「所謂大將者，能斬出位犯分之副將，則不難矣。」美汗下，不敢仰視。將行，夜召彬入禁中，帝親酌酒。彬醉，宫人以水沃其面。既醒，帝撫其背以遣曰：「會取會取，他本無罪，只是自家着他不得。」蓋欲以恩德來之也。是故以彬之厚重，美之明鋭，更相爲助，令行禁止，未嘗妄戮一人，而江南平。聞見録

彬累遣告城中：「大軍決取十一月二十七日破城，宜早爲之圖。」後主將遣其愛子清源郡公仲寓入覲，至仲冬下旬，日日克期，仲寓未出。彬屢遣督之，言：「郎君到寨，四面即罷攻。」後主終惑左右之言，以爲：「堅壘如此，天象無變，豈可計日而取〔三〕？蓋敵人之言，豈足爲信？但報言行李之物未備，宫中之宴餞未畢，將以二十七日出。」彬又令懇言：「至二十六日，亦無及矣！」果以是日城陷。整軍成列，至其宫城門，後主方開門奉表納降，彬答拜，爲之盡禮。先是，宫中預積薪，後主誓言：「若社稷失守，當携血屬以赴火。」既見彬，彬

諭以歸朝俸賜有限，費用至廣，當厚自齎裝，既歸有司之籍，則無及矣。遣後主入治裝。裨將梁迥、田欽祚皆力爭，以爲「苟有不虞，咎將誰執」？彬曰：「非爾所知。」觀煜神氣，懦夫女子之不若，豈能自引決哉！」煜果無他。彬遣五百人爲搬致輜重登舟。後主既失國，殊無心問家計，所齎持鮮矣。談苑

江南官吏親屬有爲軍士所掠者，王即時遣還之。因大搜軍中，無得匿人妻女。振乏絶，恤鰥寡，吴人大悦。及歸，舟中無他物，惟圖籍衣被而已。行狀

彬攻金陵垂克，忽稱疾不視事。諸將皆來問疾，彬曰：「余之病非藥石所愈，唯須諸公共發誠心，自誓以克城之日，不妄殺一人，則自愈矣。」諸將許諾，共焚香爲誓。明日，稍愈〔四〕。及克金陵，城中皆按堵如故。曹翰克江州，忿其久不下，屠戮無遺。彬之子孫貴盛，至今不絶，翰卒未三十年，子孫有乞丐於海上者矣。程頤云。記聞

太祖遣彬等下江南，許以平定之日，授之相印。洎凱旋，恩禮踰厚，而絶無前命。彬等因曲宴，從容陳叙及之，上曰：「非忘之也，顧念河東未下，而卿等官位隆重，豈可更親此事耶？」彬等宴退，其家各賜錢百萬，其重爵勸功若此。沂公筆録　云：彬怏怏而退，至家，見錢滿室，乃歎曰：「好官亦不過多得錢耳，何必使相也！」記聞

以功拜樞密使。王在有密，常公服危坐，如對君父，接小吏亦以禮，未嘗以名呼。歸私第，

唯閉閤宴居，不妄通賓客。五鼓纔動，已待漏於禁門矣，雖雪霜不易其操，如此者八年。行狀

嘗知徐州，有吏犯罪，既立案，逾年然後杖之，人皆不曉其旨，彬曰：「吾聞此人新娶婦，若杖之，彼其舅姑必以婦爲不利而惡之，朝夕詬罵〔五〕，使不能自存。吾故緩其事，而法亦不赦也。」記聞

嘗曰：「自吾爲將，殺人多矣，然未嘗以私喜怒輒戮一人。」其所居堂室弊壞，子弟請加修葺，公曰：「時方大冬，墻壁瓦石之間，百蟲所蟄，不可傷其生。」其仁心愛物蓋如此。既平江南回，詣閤門入見，牓子稱「奉敕江南幹當公事回」，其謙恭不伐又如此。歸田録

王始生周歲日，父母以百玩之具羅於席，觀其所取。王左手提干戈，右手取俎豆，斯須取一印，餘無所視。後果爲樞密、使相，卒贈濟陽王，配享帝食。公雖兼領將相，不以爵禄自大，造門者皆降廡而揖，不名呼下吏，吏之稟白者，雖劇暑，不冠不見。伐江南、西蜀二國，諸將皆稛載而歸，惟公但圖史衾簟而已。玉壺清話

爲樞密使，向敏中爲副使。時契丹犯塞，繼遷叛命，每軍書狎至〔六〕，上必亟召樞臣計議。彬則曰：「此狂寇，當速發兵誅討，斬決而已。止用强弩若干，步兵若干，定矣〔七〕。」敏中徐曰：「某所儲廩未備，或道途邊遠〔八〕，或出兵非其時，當别施方略制之。」纖悉措置，多從敏中所議。上謂將帥難其人，彬必懇激而言：「臣請自效！」更無他説。敏中常私怪之。

及子瑋〔九〕，亦有將材，累歷邊任，威名甚重。晚自樞貳出鎮西鄙，臨事整衆，酷類先君，復果於戰鬭，而不肯以安民柔遠爲意。豈將帥之體，固當若是邪？王沂公筆録

彬前後征討，凡降四國主，江南，西川，廣南，湖南也，未嘗殺一無辜。諸子皆賢令，瑋、琮、璨繼領旄鉞。陶弼觀王畫像，有詩曰：「蒐兵四把降王縛〔一〇〕，教子三登上將壇。」其後少子玘追封王爵，實生慈聖光獻太后，輔佐仁祖，母儀累朝，聖功仁德，天下懷慕，以至濟陰生享王爵，子孫昌盛，近世無比。非元功陰德，享報深厚，何以至此！雖漢馬、唐郭，殆無以過。嗚呼盛哉！澠水燕談

## 校勘記

〔一〕是將進御　「進」字原脱，據五朝名臣言行録卷第一之二補。

〔二〕納李廷珪女　「女」，元脱脱宋史（以下簡稱宋史）卷二五七王仁贍傳、宋太宗實録卷三三、宋李燾續資治通鑑長編（以下簡稱長編）等書叙其事均同，五朝名臣言行録卷一之一引涑水記聞（今本無）、宋釋文瑩玉壺清話（以下簡稱玉壺清話）均作「妓」。

〔三〕豈可計日而取　「日」，原作「月」，元刊本同，據五朝名臣言行録卷一之二改。

〔四〕稍愈　「稍」原作「稱」，據元刊本、五朝名臣言行録卷一之二改。

〔五〕朝夕詬駡　「詬」，元刊本同，五朝名臣言行録卷一之二作「詈」。

〔六〕每軍書狎至　宋左圭百川學海咸淳本（以下簡稱百川學海）已集王文正公筆録無「狎」字。

〔七〕定矣　同前書「定」作「足」。

〔八〕或道途邊遠　「邊」，五朝名臣言行録卷一之二作「迂」。

〔九〕及子瑋　「瑋」字原加括號，元刊本同。

〔一〇〕蒐兵四把降王縛　「把」，宋王闢之澠水燕談録（以下簡稱澠水燕談録）卷二作「解」。

## 范質

字文素，大名人。後唐第，相。太祖官至太傅。

周祖自鄴舉兵向闕，京師亂，公隱於民間。一日坐封丘巷茶肆中，有人貌怪陋，前揖曰：「相公無慮。」時暑中，所執扇偶書「大暑去酷吏，清風來故人」二句，其人曰：「世之酷吏寃獄，何止如大暑也，公它日當深究此弊，幸無忘吾言〔一〕。」公悯然久之。後至祆廟後門〔二〕，見一土木短鬼，其貌肖茶肆見者〔三〕，公心異焉。亂定，公大用，首建議律條繁廣，輕

重無據，吏得以因緣爲姦，周祖特詔詳定，是爲刑統。聞見録

質初作相，與馮道同堂，道意輕其新進，潛視所爲。質初知印，當判事，語堂吏曰：「當判之事〔四〕，並施籤表，得以視而書之，慮臨文失誤，貽天下笑。」道聞嘆曰：「真識大體，吾不如也。」質果爲名相。談録〔五〕

質奉行制敕，未嘗破律，每命刺史縣令，必以户口版籍爲急。蒙求

周恭帝之世，有右拾遺直史館鄭起上宰相范質書，言太祖得衆心，不宜使典禁兵，質不聽。及太祖入城，諸將奉登明德門，太祖命軍士皆釋甲還營，太祖亦歸公署，釋黄袍。俄而將士擁質及王溥、魏仁浦等皆至，太祖嗚咽流涕曰：「吾受世宗厚恩，今爲六軍所逼，一旦至此，慚負天地，將若之何？」質等未及對，軍校羅彦瓌按劍厲聲曰：「我輩無主，今日必得天子！」太祖叱之，不退。質頗誚讓太祖，且不肯拜，王溥先拜，質不得已從之，且稱萬歲。周帝内出制書禪位及太宗即位，先命溥致仕，蓋薄其爲人也。又嘗稱質之賢，曰：「惜也，但欠世宗一死耳。」記聞　質謂太祖曰：「太尉既以禮受禪，則事太后當如母，養少主當如子。」太祖揮涕許諾，由是深敬重質，仍以爲相者累年。終質之世，太后、少主皆無恙。故太祖、太宗每言賢相，必以質爲稱首。龍川别志

公自以執政之地，生殺慘舒所繫，苟不能蚤夜兢慎〔六〕，悉心精慮，敗事覆餗，憂患畢

至。加之道有枉直，時有夷險，居其位者，今古爲難。嘗謂同列曰：「人能鼻吸三斗醇醋，即可爲宰相矣。」筆録

舊制：宰相早朝，上殿命坐，有軍國大事，則議之，從容賜茶而退。自餘紙尾用御印可其奏，謂之印畫，降出奉行而已。由唐五代，不改其制。國初，范質、王溥、魏仁浦，自以前朝舊相，且憚太祖英睿，具劄子面取進止，朝退各疏其事，所得上旨，臣等同署字以志之。自是奏御寖多，或至旰昃，命坐啜茶之禮，尋亦廢罷，今遂爲定式。沂公筆録

公以廉介自持，未嘗受四方饋遺。前後所得禄賜，多給孤遺。閨門之中，食不異品，身没之後，家無餘貲。後太祖因講求輔相，謂侍臣曰：「朕聞范質但有所居宅，不營産，真宰相也。」太宗亦素重質，以爲循規矩，惜名器，持廉節，無出質之右者。

## 校勘記

〔一〕幸無忘吾言　邵氏聞見録卷七作「因携其扇去」。

〔二〕後至祆廟後門　「祆」原作「妖」，元刊本同，據同前書改。

〔三〕其貌肖荼肆見者　同前書此句下尚有「扇亦在其手焉」一句。

〔四〕當判之事　「當」，類苑卷九引作「堂」。
〔五〕談録　五朝名臣言行録卷一之三作「談苑」。
〔六〕苟不能蚤夜兢慎　「慎」，五朝名臣言行録作「畏」，當爲避宋孝宗諱。

## 竇儀

字可象，薊州人。晉朝第。國初再入翰林。弟儼、侃、偁、僖，皆繼登科。

太祖欲改元，謂宰相曰：「今改年號，須古來未有者。」時宰相以乾德爲請，且言前代所無。三年正月，平蜀，蜀宫人有入掖庭者，上因閱其奩具，得鑑，背字云：「乾德四年鑄。」大驚曰：「安得四年所鑄乎？」出鑑以示宰相，皆不能對。乃召學士陶穀、竇儀，奏曰：「蜀少主曾有此號，鑑必蜀中所鑄。」上大喜，因歎曰：「作宰相須是讀書人。」自是大重儒臣矣。劉貢父詩話

王著既貶官，内署闕人。太祖謂范質等曰：「王著昨以酒失，既貶官，深嚴之地，當選謹重之士以處之。」質等對以前朝學士惟竇儀清介謹厚，然頃自翰林遷端明，今又官爲尚書，難於復召。上曰：「禁中非此人不可，卿當諭朕意，令勉赴所職。」即日再入翰林，爲學

士。金坡遺事

儀開寶中爲翰林學士，時趙普專政，帝患之，欲聞其過。一日，召儀，語及普所爲多不法，且譽儀早負才望之意。儀盛言普開國勳臣，公忠亮直，社稷之重。帝不悦。儀歸，言於諸弟，張酒引滿，語其故曰：「我必不能作宰相，然亦不詣朱崖，吾門可保矣。」既而召學士盧多遜，多遜嘗有憾於普，又喜其進用，遂攻普之短。果罷相，出鎮河陽。普之罷，甚危，賴以勳舊脱禍。多遜遂參知政事，作相。太平興國七年，普復入相，多遜有崖州之行。是其言之驗也。談録〔一〕

太祖下滁州，世宗命儀籍其帑藏。至數日，太祖遣親吏取藏絹，儀即白曰：「公初下城，雖傾藏取之，誰敢言者？今既有籍，即爲官物，非詔旨不可得也。」後太祖屢對大臣稱儀有守〔二〕，欲以爲相。趙普忌其剛直，乃引薛居正參知政事。及儀卒，太祖聞之，驚歎曰：「天何奪我竇儀之速耶！」蒙求

儼顯德中上疏言六綱，一曰明禮，二曰崇樂，三曰熙政，四曰正刑，五曰勸農，六曰經文〔三〕。蒙求

太祖常晚坐崇政殿，召學士竇儼對，儼至屏樹間，見之不進。中使促，不應。上訝其久不出，笑曰：「豎儒以我燕服爾。」遽命袍帶，儼遂趨出。沂公筆録

儼尤善推步星曆，與盧多遜、楊徽之同在諫垣，謂二公曰：「丁卯歲，五星當聚奎，奎主

文明，又在魯分，自此天下始太平，二拾遺必見之，老夫不與也。」至乾德間，五星果聚於奎。玉壺清話

竇偁爲晉府記室〔四〕，賈琰爲判官〔五〕。每諸王宗室宴集，琰必怡聲下氣，褒讚捷給〔六〕。偁叱之曰：「賈氏子何巧言令色之甚，獨不懼於心邪？」太宗甚怒，白太祖，斥出爲涇州節判。後即位，思之，召爲樞密直學士。數月參政，中謝，語之曰：「汝知何以及此？」偁曰：「陛下以臣往年霸府遭逢，所以至此耳。」上曰：「不然。以卿嘗面折賈琰〔七〕，故任卿左右，思聞直言耳。」談苑

儀爲性嚴重，家法整肅。每對客坐，即二侍郎、三起居、四參政、五補闕，皆侍立焉。晉公談録

## 校勘記

〔一〕談録　五朝名臣言行録卷第一之四作「談苑」。
〔二〕太祖屢對大臣稱儀有守　「守」上宋史卷二六三竇儀傳有「執」字。
〔三〕經文　五朝名臣言行録卷第一之四作「經武」。

〔四〕竇偁爲晉府記室　「記室」，類苑卷六引作「賓佐」。

〔五〕賈琰爲判官　「琰」原作「炎」，據元刊本、五朝名臣言行録卷第一之四改。下數處同。

〔六〕褒讚捷給　同前書引作「動息褒讚，詒辭捷給」。

〔七〕以卿嘗面折賈琰　「折」原作「拆」，據同前書引改。

## 李昉

字明遠，深州人。舉漢進士，相太宗。

昉在周朝知開封府，人望已歸太祖，而昉獨不附。王師入京，昉又獨不朝，貶道州司馬。三歲，徙延州別駕。在延州爲生業以老，三歲當徙，不願内徙。後二年，宰相奏其可大用，召判兵部。昉五辭既至，上勞之，昉曰：「臣前日知事周而已，今以事周之心事陛下。」上大喜，曰：「宰相不謬薦人。」談叢

太宗語侍臣曰：「朕何如唐太宗？」左右互辭以讚，獨李昉無它言，微誦白居易諷諫七德舞詞曰：「怨女三千放出宮，死囚四百來歸獄。」上聞之，遽興曰：「朕不及，朕不及。卿言驚朕矣！」掇遺

始也。

太宗時與宋琪同建議復時政記，月終送史館，先進御而後付有司。時政記進御，自昉始也。

盧多遜與李昉相善，昉待之不疑。多遜知政，多毁昉。人有以告昉，昉不信之。後太宗語及多遜事，昉頗爲解釋。太宗曰：「多遜居常毁卿一錢不直。」昉始信之。太宗由是目昉爲善人。並蒙求

公爲相，有求差遣，見其人材可取，將收用，必正色拒絶之，已而擢用；或不足收用，必和顔温語待之。子弟或問其故，公曰：「用賢，人主之事，我若受其請，是市私恩也，故峻絶之，使恩歸於上。若其不用者，既失所望，又無善辭，此取怨之道也。」以下並巵史

公常期王旦必爲相，自小官薦進之。公病，召王公，勉以自愛。既退，謂其子弟曰：「此人後日必爲太平宰相，然東封西祀，亦不能救也。」巵史

## 蒙正

字聖功。河南人。舉進士。甲科，相太宗、真宗。

淳化三年，太宗謂宰相曰：「治國之道，在乎寬猛得中。寬則政令不成，猛則民無所措

手足。有天下者,可不敬之哉!」吕蒙正曰:「老子稱『治大國若烹小鮮』。夫魚,擾之則亂。近日内外皆來上封,求更制度者甚衆。望陛下漸行清淨之化。」上曰:「朕不欲塞人言路,至若愚夫之言,賢者擇之,亦古典也。」趙昌言曰:「今朝廷無事,邊境謐寧,正當力行好事之時。」上喜曰:「朕終日與卿論此事,何愁天下不治?苟天下親民之官皆如此留心,則刑清訟息矣。」談苑

上聞汴水輦運,卒有私質市者,謂侍臣曰:「幸門如鼠穴,何可塞之?但去其尤者可矣。篙工楫師,苟有少販鬻,但無妨,公不必究問,冀官物之入無至損折可矣。」吕蒙正曰:「水至清則無魚,人至察則無徒。小人情僞,在君子豈不知之?若以大度兼容,則萬事兼濟。曹參不擾獄市者,以其兼愛善惡〔一〕,窮乏則姦慝無所容〔二〕,故慎勿擾也〔三〕。聖言所發,正合黄、老之道。」事實

國朝三入中書,惟公與趙韓王爾。未嘗以親戚徼寵。子從簡當奏補,舊制,宰相奏子,起家即授水部員外郎加朝階。公奏曰:「臣昔忝甲科及第,釋褐止授六品京官。況天下才能,老於巖穴,不能霑寸禄者無限。今從簡始離襁褓,一物不知,膺此寵命,恐罹陰譴,止乞以臣釋褐所授官補之。」固讓方允,止授六品京官,自爾爲制。湘山野録

吕蒙正不喜記人過。初參知政事,入朝堂,有朝士於簾内指之曰:「是小子亦參政

邪？」蒙正佯爲不聞而過之。其同列怒，令詰其官位姓名，蒙正遽止之，曰：「若一知其姓名，則終身不能復忘，固不如無知也。且不問之何損？」時皆服其量。記聞

有一朝士，家藏古鑑，自言能照二百里，欲因公弟獻以求知。其弟伺間從容言之，公笑曰：「吾面不過楪子大，安用照二百里？」其弟遂不復敢言。聞者歎服，以謂賢於李衛公遠矣。歸田録

公嘗問諸子曰：「我爲相，外議如何？」諸子云：「大人爲相，四方無事，蠻夷賓服，甚善。但人言無能爲，事權多爲同列所爭。」公曰：「我誠無能，但有一能，善用人耳，此真宰相之事也。」公夾袋中有册子，每四方人替罷謁見，必問其有何人才，客去隨即疏之，悉分門類。或有一人而數人稱之者，必賢也，朝廷求賢，取之囊中。故公爲相，文武百官各稱職者，以此。卮史

公既致政居洛，真宗祀汾陰過洛，文穆尚能迎謁，至回鑾，已病，帝爲幸其宅，問曰：「卿諸子孰可用？」公對曰：「臣諸子皆豚犬不足用，有姪夷簡，任潁州推官，宰相才也。」帝記其語，遂至大用。先是，富韓公之父貧甚，客公門下。一日，白公曰：「某兒子十許歲，欲令入書院事廷評、太祝。」公許之。其子，韓公也。文穆見之，驚曰：「此兒它日名位，與吾相似。」亟令諸子同學，供給甚厚。公兩入相，以司徒致仕，後韓公亦兩入相，以司徒致仕。文穆知人之術如此。聞見録

## 校勘記

〔一〕以其兼愛善惡　「愛」，元刊同，五朝名臣言行録卷第一之六作「受」，似較長。

〔二〕窮乏則姦慝無所容　「乏」，元刊同，同上書作「之」。

〔三〕故慎勿擾也　「慎」，元刊同，同上書作「戒」。

## 張齊賢

字師亮，曹州人。舉賢良方正，中第。相太宗。

太祖幸西都，齊賢以布衣獻策，太祖召至便坐，令面陳其事。文定以手畫地，條陳十策：一下并汾，二富民，三封建，四敦孝悌，五舉賢，六太學，七籍田，八選良吏，九懲姦，十恤刑。内四説稱旨，文定堅執其六説皆善，太祖怒，令武士拽出。及車駕還京，語太宗曰：「我幸西都，唯得一張齊賢耳。我不欲爵之以官，異時汝可收之，使輔汝爲相。」至太宗初即位，放進士榜，決欲置於高等，而有司偶失掄選，在第三甲之末。太宗不悦。及注官，有旨一榜盡與京官、通判。文定釋褐將作監丞、通判衡州。不十年，果爲相。筆録

太祖幸西都，公獻十策於馬前，召至行宫，賜衛士廊飡。文定就大盤中以手取食，帝用柱斧擊其首，問所言十事。文定且食且對，略無懼色。賜束帛遣之。歸謂太宗曰：「吾幸西都，爲汝得一張齊賢，宰相也。」聞見録

爲江南轉運使，吉州沿江有勾欄地錢，其地爲江水淪陷，或官占爲船場，而所輸錢如故。又李氏時民於江中編浮栰以居，量丈尺輸税，名水場錢。公悉奏免之。蒙求

真宗時，戚里有爭分財不均者，更相訴訟。又因入宫，自理於上前，更十餘斷，不能服。齊賢請自治。上許之。公召訟者曰：「汝非以彼所分財多，汝所分財少乎〔一〕？」皆曰：「然。」即命各供狀結實，乃召兩吏趣歸其家，令甲家入乙舍，乙家入甲舍，貨財皆按堵如故，分書則交易之，訟者乃止。明日奏狀，上大悦，曰：「朕固知非君莫能定者。」記聞

## 校勘記

〔一〕汝非以彼所分財多汝所分財少乎　「多汝所分財」五字原脱，元刊本、五朝名臣言行録均無，亦可通。長編卷四三咸平元年十月丁酉、宋史卷二六五張齊賢傳叙其事有此五字。

# 宋名臣言行録前集卷第二

## 吕端　正惠公

字易直，幽州人。以蔭補官。相太宗。

公使高麗，遇風濤，檣折〔一〕，舟人大恐，公恬然讀書，若在齋閤。玉壺清話

太宗欲相正惠公，左右或曰：「吕端之爲人糊塗。」帝曰：「端小事糊塗，大事不糊塗。」決意相之。吕氏家塾記

保安軍奏獲李繼遷母，太宗甚喜。時寇準爲樞密副使，端爲宰相，上獨召準與之謀。準退，自宰相幕次前過不入，端使人邀至幕中，曰：「鄉者上召君何爲？」準以獲繼遷母告，端曰：「君何以處之？」準曰：「準欲斬於保安軍北門之外。」端曰：「必若此，非計之得者也。願君少緩其事，端將覆奏之。」即召閤門吏，使奏「宰臣吕端請對」。上召入之，端具道

準言，且言：「昔項羽得太公，欲烹之，漢高祖曰：『願遺我一盃羹。』夫舉大事者，固不顧其親，況繼遷胡夷悖逆之人哉！且陛下今日殺繼遷之母，繼遷可擒乎？不然，徒樹怨讎而益堅其叛心耳。宜置於延州，使善養視之，以招徠繼遷，雖不能即降，終可以繫其心，而母死生之命在我矣。」上撫髀稱善，曰：「微卿，幾誤我事。」即用端策。

太宗大漸，李太后與宣政使王繼恩忌太子英明，陰與參政李昌齡、殿前都指揮使李繼勳、知制誥胡旦謀立潞王元佐。太宗崩，太后使繼恩召宰相呂端，端知有變，鏁繼恩於閤內，使人守之而入。太后謂曰：「宮車已晏駕，立嗣以長，順也。今將何如？」端曰：「先帝立太子，正爲今日。豈可遽先帝之命，更有異議？」乃迎太子立之。

真宗既即位，垂簾引見群臣，端於殿下平立不拜，請卷簾，升殿審視，然後降堦，率群臣拜呼萬歲。並記聞

趙普在中書，端爲參政〔一〕。趙嘗謂人曰：「吾嘗觀呂公奏事，得嘉賞未嘗喜，遇抑挫未嘗懼，真台輔之器也。」晉公談録

公爲相，持重識大體，以清靜簡易爲務。每奏對，同列多異議，公罕所建明。一日，内出手扎戒曰：「自今中書事，必經呂端詳酌，乃得聞奏。」公讓不敢當。

## 校勘記

〔一〕遇風濤檣折　玉壺清話此句作「遇風濤恍恍摧檣折舵」。

〔二〕端爲參政　百川學海癸集丁晉公談録此句作「忽命吕公蒙正爲參預」。按：據宋史卷四太宗本紀及卷二一〇宋宰輔表，太平興國八年趙普罷相，十一月吕蒙正參知政事，端拱元年二月趙、吕同拜相。吕端參知政事在淳化四年，時趙普已養疾西京。則吕端似未及副趙普。

## 錢若水　宣靖公

字淡成，河南人。舉進士釋褐。位至同知樞密院事。

爲舉子時，見陳希夷於華山，希夷曰：「明日當再來。」若水如期往，見有一老僧，與希夷擁地爐坐。僧熟視若水，久之不語，以火箸畫灰作「做不得」三字，徐曰：「急流中勇退人也。」若水辭去，希夷不復留。後若水登科，爲樞密副使，年才四十致仕。希夷初謂若水有仙風道骨，意未決，命僧觀之，僧云「做不得」，故不復留。然急流中勇退，去神仙不遠矣。僧，麻衣道者也。聞見録爲同州推官，有富民家小女奴逃亡，不知所之，奴父母訟於州，命録事鞫之〔一〕。録事嘗貸錢於富民不獲，乃劾富民父子數人共殺女奴，棄屍水中，遂失其屍。富民不勝榜楚，自誣服。具上，州官審覆，無反異。若水獨疑之，留其獄，數日不決。録事詣若水詬之曰：「若受富民錢，欲出其死罪邪？」若水笑謝曰：「今數人當死，豈可不少留，熟觀其獄詞邪？」留之旬日，知州屢趣之，不能得，上下皆怪之。若水一旦詣州，屏人言曰：「若水所以留其獄者，密使人訪求女奴，今得之矣。」知州驚曰：「安在？」若水因密使人送女奴於知州所。知州乃垂簾引女奴父母，問曰：「汝今見汝女，識之乎？」曰：「安有不識也？」因從簾中推出示之，父母泣曰：「是也。」乃引富民父子，悉破械縱之。其人號泣曰：「微使君，某滅族矣！」知州曰：「推官之賜也。」其傾家貲以飯僧，爲若水祈福。知州欲奏論其功，若水固辭曰：「若水但求獄事正，人不寃耳，論功非其本心也。朝廷若以此爲若水功，當置録事於何地邪？」知州歎服曰：「如此尤不可及矣。」太宗聞之，驟加褒擢，二年中爲樞密副使。記聞

若水爲學士，嘗草賜趙保忠詔云：「不斬繼遷，存狡兔之三穴；潛疑光嗣，持首鼠之兩端。」太宗覽之甚悦，謂若水曰：「此四句正道着我意。」又與趙保吉詔有：「既除手足之親，已失輔車之勢。」其辭甚美，太宗御筆批其後云：「依此詔本，極好。」子延年寶藏

之。

李繼隆與轉運使盧之翰有隙，欲陷之罪，乃檄轉運司，期八月出塞，令辦芻粟。轉運司調發方集，繼隆復爲檄，言八月不利出師，當更取十月。轉運司遂散芻粟。既而復爲檄，云賊且入塞，當以時進軍，芻粟即日取辦。是時，民輸輓者適散，倉卒不可復集，繼隆遂奏轉運司乏軍興。太宗大怒，立召中使一人，付三函，令乘驛馳取轉運使盧之翰、竇玭及某人首。丞相吕端、樞密使柴禹錫皆不敢言，惟若水爭之，請先推驗有狀，然後行法。上大怒，拂衣起，入禁中。二府皆罷，獨若水留廷中不去。久之，上出詰之曰：「爾以同州推官再期爲樞密副使，朕所以擢用，以爾爲賢，爾乃不才如是邪？」對曰：「陛下不知臣無狀，使得待罪二府，臣當竭其愚慮，不避死亡，補益陛下，以報厚恩。李繼隆外戚，貴重莫比，今陛下據其一幅奏書，誅三轉運使，雖有罪，天下何由知之？鞫驗事狀明白〔二〕，加誅亦何晚焉？獻可替否，死以守之，臣之常分。臣未獲死，固不敢退。」上意解，乃召吕端等，奏請如若水議，先令責狀，許之。三人皆黜爲行軍副使。既而虜欲入塞事皆虚誕，繼隆坐罷招討，知秦州。金坡遺事

詔訪備邊之策，若水條上五事：一擇郡守，二募鄉兵，三積芻粟，四革將帥，五明賞罰。記聞

公嘗率衆過河，號令軍伍，分布行列，悉有規節，深爲戍將所伏。上知之，謂左右：「朕

嘗見儒人談兵，不過講之於尊俎硯席之間，於文字則引孫、吳，述形勢皆閑暇清論可也，責之於用，罕有成效。今若水亦儒人，曉武，深可嘉也。」時言者請城綏州，積兵禦党項，詔公自魏乘疾傳往按，至則乞罷其役，時論韙之。玉壺清話

至道初，吕蒙正罷相，以僕射奉朝請。上謂左右曰：「人臣當思竭節以保富貴。吕蒙正前日布衣，朕擢爲輔相，今退在班列寂寞，想其目穿望復位矣。」劉昌言曰：「蒙正雖驟登顯貴，然其風望不爲忝冒。僕射師長百僚，資望崇重，非寂寞之地，且亦不聞蒙正之鬱悒也。況今岩穴高士，不求榮達者甚多，惟若臣輩，苟且官禄，不足以自重耳。」上默然。又嘗言：「士大夫遭時得位，富貴顯榮，豈得不竭誠以報國乎？」錢若水言：「高尚之人，固不以名位爲光寵；忠正之士，亦不以窮達易志操。其或以爵禄恩遇之故而效忠於上，此中人以下者之所爲也。」上然之。及劉昌言罷，上問趙鎔等曰：「頗見昌言否？」鎔等曰：「屢見之。」上曰：「涕泣否？」曰：「與臣等談，多至流涕。」上曰：「大率如此。當在位時，不能悉心補職，一旦斥去，即汍瀾涕泗。」若水曰：「昌言實未嘗涕泣，鎔等迎合上意耳。」若水因自念，上待輔臣如此，蓋未嘗有秉節高邁，不貪名勢，能全進退之道，以感動人主，遂貽上之輕鄙，將以滿歲移疾。遂草章求解職，會晏駕，不果上。及今上之初年，再表遜位，乃得請。談苑

## 校勘記

〔一〕命録事鞫之 「鞫」，原作「鞠」，據五朝名臣言行録卷第二之二改。
〔二〕鞫驗事狀明白 「鞫」，原作「鞠」，據同上書改。

# 李沆 文靖公

字太初，洛州人。擢進士甲科，位至丞相。

沆嘗侍曲宴，太宗目送之曰：「李沆風範端凝，真貴人也。」蒙求

真宗既與契丹和親，王文正公問於公曰：「和親何如？」公曰：「善則善矣，然邊患既息，恐人主漸生侈心耳。」文正亦未以爲然。及上晚年，多事巡遊，大脩宫觀，文正乃潛歎曰：「李公可謂有先知之明矣。」記聞

真宗初即位，沆爲相，王旦參政。沆日取四方水旱、盗賊奏之，旦以爲細事，不足煩上聽。沆曰：「人主少年，當使知四方艱難，不然，血氣方剛，不留意聲色犬馬，則土木、甲兵、禱祠之事作矣。吾老不及見，此參政它日之憂也。」及旦親見王欽若、丁謂等所爲，欲諫則

業已同之，欲去則上遇之厚，不忍去，乃歎曰：「李文靖真聖人也。」龍川志

沆在相位，接賓客常寡言。馬亮與沆同年生，又與其弟維善，語維曰：「外議以大兄爲無口匏。」維乘間嘗達亮語，沆曰：「吾非不知也。然今之朝士，得升殿言事，上封論奏，了無壅蔽，多下有司，皆見之矣。若邦國大事，北有强虜，西有戎遷，日旰條議，所以備禦之策，非不詳究。薦紳中如李宗諤、趙安仁皆時之英秀，與之談，猶不能啓發吾意。自餘通籍之子，坐起拜揖，尚周章失措，即席必自論功最，以希寵獎。此有何策，而與之接語哉？苟屈意妄言，即世所謂籠罩，籠罩之事，僕病未能也。爲我謝馬君。」沆常言：「居重位，實無補萬分，唯中外所陳利害，一切報罷之，唯此少以報國爾。朝廷防制，纖悉備具，或徇所陳請，施行一事，即所傷多矣。陸象先曰『庸人擾之』，正此謂也。憸人苟一時之進，豈念於民耶？」談苑

真宗初即位，李沆爲相。帝雅敬沆，嘗問治道所宜先，沆曰：「不用浮薄新進喜事之人，此最爲先。」帝問其人，曰：「如梅詢、曾致堯等是矣。」帝深然之。故終帝世，數人者皆不進用。龍川别志

或薦梅詢可用，真宗曰：「李沆嘗言其非君子。」時沆没二十餘年矣。歐陽文忠嘗問蘇子容云：「宰相没二十年，能使人主追信其言，以何道？」子容言：「獨以無心故耳。」軾謂：

「陳執中俗吏耳，特以至公，猶能取信主上，況如李公之才識，而濟之無心耶？」東坡志林

真宗問公曰：「人皆有密啓，而卿獨無，何也？」對曰：「臣待罪宰相，公事則公言之，何用密啓？夫人臣有密啓者，非讒即佞，臣常惡之，豈可效尤？」龜山語録

公爲相，真宗嘗夜遣使持手詔問欲以某氏爲貴妃如何，公對使者自引燭焚其詔書，附奏曰：「但道沆以爲不可。」其議遂寢。呂氏家塾記

寇萊公始與丁晉公善，嘗以丁之才薦於公屢矣，而終未用。一日，寇謂公曰：「比屢言丁謂之才，而相公終不用，豈其才不足用邪？」公曰：「如斯人者，才則才矣，顧其爲人，可使之在人上乎？」萊公曰：「如謂者，相公終能抑之使在人下乎？」公笑曰：「它日後悔，當思吾言也。」晚年，與寇權寵相軋，交互傾奪，至有海康之禍，始伏文靖之識。東軒筆録

常讀論語。或問之，公曰：「沆爲相，如論語中『節用愛人』，『使民以時』兩句，尚未能行。聖人之言，終身誦之可也。」聞見録

沆自奉甚薄，所居陋巷，廳事無重門，頹垣壞壁，不以屑慮。堂前藥欄壞，妻戒守舍者勿葺，以試沆。沆朝夕見之，經月終不言。妻以語沆，沆笑謂其弟維曰：「豈可以此動吾一念哉！」家人勸治居第，未嘗答。維因語次及之，沆曰：「身食厚禄，時有横賜，計囊裝亦可以治第。但念内典以此世界爲缺陷，安得圓滿如意，自求稱足？今市新宅，須一年繕全，人

生朝暮不可保，又豈能久居？巢林一枝，聊自足耳，安事豐屋哉！」談苑

駙馬都尉石保吉求爲使相，真宗以問公[一]，公曰：「賞典之行，須有所自。保吉因緣戚里，無攻戰之勞，台席之拜，恐騰物論。」它日，再三詢之，執議如初。遂寢其事。及公薨數日，乃卒拜焉。金坡遺事

張詠嘗謂人曰：「吾牓中得人最多，謹重有雅望，無如李文靖，深沉有德，鎮服天下，無如王公，面折庭爭，素有風采，無如寇公，當方面寄，則詠不敢辭。」王文正公遺事

元城論本朝名相最得大臣體者，惟李沆。或曰：「何以明之？」「李丞相每謂人曰：『沆在政府，無以補報國家，但諸處有人上利害，一切不行耳。』此大似失言，然有深意。且祖宗時，經變多矣，故所立法度，極是穩便，正如老醫，看病極多，故用藥不至孟浪殺人。且其法度不無小害，但其利多耳，後人不知，遂欲輕改，此其害所以紛紛也。李丞相每朝謁奏事畢，必以四方水旱盜賊、不孝惡逆之事奏聞，上爲之變色，慘然不悅。既退，同列以爲非，問丞相曰：『吾儕當路，幸天下無事，丞相每奏以不美之事，以拂上意，然又皆有司常行，不必面奏之事，後告已之。』公不答。數數如此。因謂同列曰：『人主一日，豈可不知憂懼？若不知憂懼，則無所不至矣。』惟此兩事，最爲得體。在漢時，惟魏相能行此兩事。以爲古今異制，方今務在奉行故事而已，奏故事詔書凡二十三事。敕掾史案事郡國，及休告從家

還至府，輒白四方異聞，或有逆賊、風雨、災變，郡不上，相輒奏言之。此最得宰相大體，後之爲相者，則或不然，好逞私智，喜變祖宗之法度，欺蔽人主，惡言天下之災異。喜變法度則綱紀亂；惡言災異則人主驕。此大患也。」元城語録

公爲相，治居第於封丘門内，聽事前僅容旋馬。或言其太隘，公笑曰：「居第當傳子孫，此爲宰相聽事，誠隘，爲太祝、奉禮聽事，已寬矣。」温公訓儉

## 校勘記

〔一〕真宗　各本均作「仁宗」，然李沆卒於真宗時，顯有誤，據宋史二八二李沆傳改。

## 王旦　魏國文正公

字子明，魏州人。中進士第，位至太尉。配享真宗廟庭。

王晉公祐事太祖爲知制誥。太祖遣使魏州，以便宜付之，告曰：「使還，與卿王溥官職。」時溥爲相也。魏州節度使符彦卿，太宗夫人之父，有飛語聞于上。祐至魏，得彦卿家

僮二人挾勢恣横，以便宜決配而已。及還朝，太祖問曰：「汝敢保符彦卿無異意乎？」祐曰：「臣以百口保符彦卿。」又曰：「五代之君，多因猜忌殺無辜，故享國不長。願陛下以爲戒。」帝怒其語直，貶護國軍行軍司馬，華州安置，七年不召。祐赴貶，親賓送於都門外，謂祐曰：「意公作王溥官職矣。」祐笑曰：「祐不做，兒子二郎必做。」二郎者，文正公旦也。祐素知其必貴，手植三槐于庭，曰：「吾子孫必有爲三公者。」已而果然。天下謂之三槐王氏云。聞見録

公通判鄭州，建言請天下置常平倉，以抑兼并。爲學士，嘗奏事退，上目送之曰：「爲朕致太平者，必斯人也。」

公扈從在澶淵，雍王元份留守，得暴疾，命公代之。公曰：「願宣寇準來，臣有所陳。」準至，公奏曰：「十日之間，未有捷報，時當如何？」上良久黯然曰：「立皇太子。」遺事

上在澶淵，遣公還守東都。既至，直入禁中，下令甚嚴，使人不得傳播。後車駕自河北還，公家人及子弟輩皆出迎於郊外，忽聞後有呵喝之聲，驚而視之，乃公也。其處事謹密如此。遺事

真宗爲皇太子，太子諭德見公，稱太子學書有法，公曰：「諭德之職，止於是耶？」歐公撰神道碑

張士遜言：「皇太子學書甚好。」公曰：「皇太子不待應舉選，不必學書。」由是文懿日以善道規贊皇太子。遺事

趙德明言民飢，求糧百萬斛。大臣皆曰：「德明新納誓而敢違，請以詔書責之。」真宗以問公，公請敕有司，具粟百萬於京師，詔德明來取。上大喜。德明得詔，慚且拜曰：「朝廷有人。」碑

契丹奏請歲給外別假錢幣。上以示公，公曰：「東封甚近，車駕將出，以此探朝廷之意耳。」上曰：「何以答之？」公曰：「止當以微物而輕之也。」乃於歲給三十萬物内，各借三萬，仍諭次年額内除之。契丹得之大慚。次年復下有司：「契丹所借金帛六萬，事屬微末，仰依常數與之，今後永不爲例。」遺事

大中祥符中，天下大蝗。真宗使人於野得死蝗，以示大臣。明日，他宰相有袖死蝗以進者，曰：「蝗實死矣，請示於朝，率百官賀。」公獨以爲不可。後數日，方奏事，飛蝗蔽天。真宗顧公曰：「使百官方賀，而蝗如此，豈不爲天下笑邪！」神道碑

宦者劉承規，以忠謹得幸，病且死，求爲節度使。真宗以語公曰：「承規待此以瞑目。」公執以爲不可，曰：「他日將有求爲樞密使者，奈何？」至今内臣官不過留後。碑

薛簡肅公天禧初爲江淮發運使〔一〕，辭公，公但云：「東南民力竭矣。」薛退謂人曰：

「真宰相之言也。」湘山野録

張士遜出爲江西轉運使，辭公且求教。公從容曰：「朝廷榷利至矣。」張起謝。後迭更是職，思公言，未嘗求錐刀之利。識者曰：「此運使最識大體。」遺事

景德中，李迪、賈邊皆舉進士，有名當時，及就省試，主文咸欲取之。既而皆不與。取其卷視之，迪以賦落韻，邊以當仁不讓於師論以「師」爲「衆」，與注疏異説。乃爲奏，具道所以，乞特收試。時公爲相，議曰：「迪雖犯不考，然出於不意，其過可恕；如邊特立異説，將令後生務爲穿鑿，漸不可長。」遂收迪而黜邊。國朝事實

宫禁火災，公馳入對。上驚惶語公曰：「兩朝所積，朕不妄費，一朝殆盡，誠可惜也。」公對曰：「陛下富有天下，財帛不足憂。所慮者政令賞罰有不當。臣備位宰府，天災如此，臣當罷免。」繼上表待罪。上乃降詔罪己，許中外上封事，言朝政得失。後有大臣，言非天災，乃某王宫失火禁〔二〕，請置獄。出其狀，當斬決者數百人〔三〕，公持以歸。翌日，乞獨對，曰：「初，火災，陛下降詔罪己，臣上表待罪，今反歸咎於人，何以示信？且火雖有迹，寧知非天譴邪？果欲行法，願罪臣以明無狀。」上欣然聽納，減死者幾百輩。遺事

中書有事，關送密院，事礙詔格。寇公在樞府，特以聞。上以責公，公拜謝引咎，堂吏皆遭責罰。不踰月，密院有事送中書，亦違舊詔，堂吏得之，欣然呈公。公曰：「却送與密

院。」吏出白寇公，寇公大慚。翌日見公曰：「同年甚得許大度量。」公不答。名臣遺事

公在中書，寇公在密院，中書偶倒用了印，萊公須勾吏人行遣。它日密院亦倒用了印，中書吏人呈覆，亦欲行遣。公問吏人：「汝等且道密院當初行遣倒用印者是否？」曰：「不是。」文正曰：「既是不是，不可學他不是。」龜山語録

王欽若、陳堯叟、馬知節同在樞府。一日，上前因事忿爭，上召公，公至，則見欽若諠譁不已，馬公流涕曰：「願與欽若同下御史府。」公廼叱欽若曰：「王欽若，對上豈得如此，下去！」上大怒，乃命下獄。公從容曰：「欽若等恃陛下顧厚，上煩陛下譴訶，當行朝典〔四〕。然觀陛下天顔不怡，願且還内，來日取旨。」上許之。翌日，上召公問：「欽若等事當如何？」公曰：「欽若等當黜，然未知坐以何罪？」上曰：「朕前忿爭無禮。」公曰：「陛下奄有天下，而使大臣坐忿爭無禮之罪，恐夷狄聞之，無以威遠。願至中書，召欽若等宣示陛下含容之意，且戒約之。俟少間，罷之未晚。」上曰：「非卿言，朕固難忍。」月餘皆罷〔五〕。遺事

王曾、張知白、陳彭年參預政事，因白公曰：「每奏事，其間有不經上覽者，公但批旨奉行，恐人言之以爲不可。」公遜謝而已。一日奏對，公退，諸公留身。上驚曰：「有何事不與王旦同來？」諸公以前説對。上曰：「旦在朕左右多年，朕察之無毫髮私，自東封後，朕諭以小事一面奉行，卿等當謹奉之。」諸公退而愧謝，公曰：「向蒙諭及，不可自言曾得上旨，

然今後更賴諸公規益。」名臣遺事

寇準爲樞密使，當罷，使人私公，求爲使相。公大驚曰：「將相之任，豈可求耶？且吾不受私。」準深恨之。已而制出，除準武勝軍節度使、同中書門下平章事。準入見，泣涕曰：「非陛下知臣，何以至此！」真宗具道公所以薦準者，準始媿歎，以爲不可及。碑

諫議大夫張師德謁向文簡公曰：「師德兩詣王相公門，皆不得見，恐爲人輕毁，望公從容明之。」一日，方議知制誥，公曰：「可惜張師德。」向公曰：「何謂？」公曰：「累於上前説張師德名家子，有士行，不意兩及吾門。狀元及第，榮進素定，但當靜以待之耳。若復奔競，使無階而進者當如何也？」向公方以師德之意啓之。公曰：「旦處安得有人敢輕毁人，但師德後進，待我淺也。」向公固稱：「師德適有闕，望公弗遺。」公曰：「第緩之，使師德知，聊以戒貪進、激薄俗也。」名臣遺事

張尚書知成都召還，朝議以任中正代之，言者以爲不可。是時公爲相，上責問之，對曰：「非中正不能守詠之規，它人往，妄有變更矣。」上是之。言者亦伏王之能用人也。湘山野録

以病求罷，入見滋福殿。真宗曰：「朕方以大事託卿，而卿病如此。」因命皇太子拜公，公言：「皇太子盛德，必任陛下事。」因薦可爲大臣者十餘人，其後不至宰相者，李及、凌策

二人而已，然亦皆爲名臣。碑

公久疾不愈，上命肩輿入禁中，使其子雍與直省吏扶之，見於延和殿，命曰：「卿萬一有不諱，使朕以天下事付之誰乎？」公謝曰：「知臣莫若君。」時張詠、馬亮皆爲尚書。上曰：「張詠如何？」不對。又曰：「馬亮如何？」不對。上曰：「試以卿意言之。」公强起舉笏曰：「以臣之愚，莫若寇準。」上憮然有間，曰：「準性剛褊，卿更思其次。」公曰：「他人，臣所不知也。」公薨歲餘，上卒用準爲相。

王太尉薦寇萊公爲相，萊公數短太尉於上前，而太尉專稱其長。上一日謂太尉曰：「卿雖稱其美，彼專談卿惡。」太尉曰：「理固當然。臣在相位久，政事闕失必多，準對陛下無所隱，益見其忠直，此臣所以重準也。」上由是益賢太尉。初，萊公在藩鎮，嘗因生日造山棚大宴，又服用僭侈，爲人所奏。上怒甚，謂太尉曰：「寇準每事欲效朕，可乎？」太尉徐對曰：「準誠賢能，無如騃何？」上意遽解，曰：「然此止是騃耳。」遂不問。並記聞

寇萊公在長安，因生日爲會，有所過當，轉運使以聞，上怒，以狀示公。公覽狀笑曰：「寇準許大年幾〔六〕，尚騃耶！」因奏請録付準，使自知過。準皇恐待罪。名臣遺事

陳彭年任翰林學士日，求對歸詣政府，公延見之。陳起呈其狀，曰科場條貫，公投之於地曰：「内翰做官幾日，待隔截天下進士〔七〕！」陳惶懼而退。時向文簡同在中書，一日，陳

再來，公不見，曰：「令到集賢廳相見。」既而向出陳所留文字，公瞑目取紙封之。向曰：「何不一覽？」公曰：「不過興建符瑞圖進爾。」遺事

公常與楊文公評品人物，楊曰：「丁謂久遠果何如？」對曰：「才則才矣，語道則未。他日在上位，使有德者助之，庶得終吉；若獨當權，必爲身累。」後謂果被流竄。

真宗欲命王欽若作相，公曰：「欽若遭逢陛下，恩禮已隆，且乞在樞密院，兩府亦均〔八〕。臣見祖宗朝未嘗有南方人當國，雖古稱立賢無方，然須賢士乃可。臣爲宰相，不敢沮抑人，此亦公議也〔九〕。」上遂止。後公罷，欽若乃相。出語人曰：「爲王公遲却我十年作相。」並遺事

公每有賜予，見家人置於庭下，乃瞑目而歎曰：「生民膏血，安用許多！」名臣遺事

公以儉約率子弟，使在富貴，不爲驕侈。兄子睦欲舉進士，公曰：「吾常以太盛爲懼，其可與寒士爭進？」至其薨也，子素猶未官，遺表不求恩澤。碑

公母弟傲不可訓。一日，遇冬至，祠家廟，列百壺於堂前，弟皆擊破之，家人惶駭。公忽自外入，見酒流滿路，不可行，俱無一言，但攝衣步入。其後弟忽感悟，復爲善，終亦不言。韓魏公別録

公每見家人服飾似過，即瞑目曰：「吾門素風，一至於此！」亟令減損。故家人或有一

衣稍華，必於車中易之，不敢令公見焉。遺事

有貨玉帶者，公弟以呈公，公曰：「如何？」弟曰：「甚佳。」公命繫之，曰：「還見佳否？」弟曰：「繫之安得自見？」公曰：「自負重而使觀者稱好，無乃勞乎！我腰間不稱此物，亟還之！」故平生所服，止於賜帶。名臣遺事

王太尉不置田宅，曰：「子孫當各念自立，何必田宅？置之徒使爭財爲不義耳。」温公日録

太尉局量寬厚，未嘗見其怒，飲食有不精潔者，但不食而已。家人欲試其量，以少埃墨投羹中，公惟啖飯而已。家人問其何以不食羹，曰：「我偶不喜肉。」一日又墨其飯，公視之曰：「吾今日不喜飯，可具粥。」其子弟愬於公曰：「庖肉爲饔人所私，食肉不飽，乞治之。」公曰：「汝輩人料肉幾何？」曰：「一斤。今但得半斤食，其半爲饔人所廋，食肉不飽。」公曰：「盡一斤可得飽乎？」曰：「固當飽。」曰：「此後人料一斤半可也。」其不發人過皆類此。嘗宅門壞，主者徹屋新之，暫於廊廡下啓一門出入。公至側門，門低，據鞍俯伏而過，都不問。門畢復行正門，亦不問。有控馬卒歲滿辭公，問：「汝控馬幾時？」曰：「五年矣。」公曰：「吾不省有汝。」既去，復呼回，曰：「汝乃某人乎？」於是厚贈之。乃是逐日控馬，但見背，未嘗視其面，因去，見其背，方省。筆談

李文靖居相位，公參預朝政〔一〇〕。一日，便殿論邊事退，公歎曰：「何日邊候徹警，使

吾輩得爲太平宰輔？」文靖不答。至中書，獨召公語云：「唯聖人能内外無患，自非聖人，外寧必有内憂。譬人有疾，常在目前，則知憂而治之。沆死，子必爲相，遽與虜和親。一朝疆埸無事，不有盤游之樂，必興土木之功矣。」及祥符間，契丹既脩好，兵革不用，近習任事之人，始建議封泰山，祀汾陰，築玉清昭應宫，崇奉天書，耗用寖廣。文正公常悒悒不自得，然不忍獨善其身以去，曰：「誰爲國家抗群小者？」乃薦先祖文靖公吕夷簡暨王沂公曾等二十餘人，布列于位。所以小人卒不能勝，而成仁宗持盈之業，公之勳也。吕氏家塾記

契丹既受盟而歸，寇公每有自多之色〔一一〕，雖上亦以自得也。王欽若深患之。一日，從容言於上曰：「此春秋城下之盟也，諸侯猶且耻之，而陛下以爲功，臣竊不取。」真宗愀然不樂，曰：「爲之奈何？」欽若度上厭兵，即謬曰：「陛下以兵取幽、燕，乃可刷耻。」上曰：「河朔生靈，始免兵禍，吾安能爲此？可思其次。」欽若曰：「唯有封禪太山，可以鎮服四海，誇示夷狄。然自古封禪，當得天瑞，然後可爲也。」既而又曰：「天瑞安可必得？前代蓋有以人力爲之者，惟人主深信而崇奉之，以明示天下，則與天瑞無異也。」上久之乃可。然王旦方爲相，上心憚之，曰：「王旦得無不可乎？」欽若曰：「臣得以聖意喻旦，宜無不可。」乘間爲旦言之，旦黽勉而從。然上意猶未決，莫適與籌之者。它日，晚幸祕閣，唯杜鎬方直宿，上驟問之曰：「古所謂河圖洛書，果何事耶〔一二〕？」鎬老儒，不測上旨，漫應之曰：「此

聖人以神道設教耳。」適與上意會。上由此意決，遂召旦飲酒於内中，歡甚，賜以樽酒，曰：「此酒極佳，歸與妻孥共之。」既歸發之，乃珠子也。由是天書、封禪等事，旦不復異議。旦爲相，才有過人者，然至此不能力爭，議者少之。龍川志

真宗臨御歲久，中外無虞，與群臣燕語，或勸以聲妓自樂。公性儉約，初無姬侍。其家以二直省官治錢，上使内東門司呼二人者，責限爲相公買妾，仍賜銀三千兩。二人歸以告公，公不樂，然難逆上旨，遂聽之。蓋公自是始衰，數歲而捐館舍。初，沈倫家破，其子孫鬻銀器，皆錢塘錢氏昔以遺中朝將相者，花籃火箸之類，非家人所有。直省官與沈氏議，止以銀易之，具白於公。公嚬蹙曰：「吾家安用此！」其後姬妾既具，乃呼二人，問昔沈氏什器尚在可求否〔三〕？二人謝曰：「向私以銀易之，今見在也。」公喜，用之如素有。聲色之移人如此！龍川志

## 校勘記

〔一〕薛簡肅公天禧初爲江淮發運使　「使」，原作「司」，據五朝名臣言行録卷第二之四改。

〔二〕乃某王宮失火禁　「某」，同上書作「榮」。

〔三〕當斬決者數百人　「決」，原作「殃」，據同上書改。

〔四〕上煩陛下譴訶當行朝典　百川學海乙集王文正公旦遺事（以下簡稱王文正公旦遺事）無「譴訶」二字，有「臣冠宰府」四字，則句當讀作：「上煩陛下，臣冠宰府，當行朝典。」

〔五〕月餘　王文正公旦遺事作「數月」。

〔六〕寇準許大年幾　「幾」，王文正公旦遺事叙同事作「紀」。

〔七〕待隔截天下進士　「進」，同前書作「寒」。

〔八〕且乞在樞密院兩府亦均　同前書此句作：「且乞在樞密，兩府任用亦均。」

〔九〕此亦公議也　「亦」，同前書作「示」，亦通。

〔一〇〕公參預朝政　「參」，原作「來」，據五朝名臣言行録卷第二之四改。

〔一一〕寇公每有自多之色　「多」，龍川別志卷上作「矜」。

〔一二〕果何事耶　「果」下同前書有「如」字。

〔一三〕問昔沈氏什器尚在可求否　「什」原作「作」，據同前書及五朝名臣言行録卷第二之四改。

# 宋名臣言行録前集卷第三

## 向敏中　文簡公

字常之，開封人。登進士第，相真宗。

太宗飛帛書張詠及公名付中書，曰：「二人者名臣〔一〕，爲朕記之。」公出知永興軍，會邦人大儺，有告禁卒欲倚儺爲亂者，密使麾兵被甲衣袍伏廡下幕中。明日，盡召賓僚兵官，置酒縱閱，無一人預知者。命儺入，先令馳騁於中門外，後召至堦，公振袂一揮，伏卒齊出，盡擒之，果各懷短刃。即席誅之。勦訖屏屍，亟命灰沙埽庭，張樂宴飲，賓從股慄。

除右僕射。麻下日，李昌武當對，真宗謂之曰：「朕自即位，未嘗除僕射，今日以命敏中，此殊命也，敏中應甚喜。」對曰：「臣今日早候對，亦未知宣麻，不知敏中何如。」上曰：「敏中今日門下賀客必多，卿往觀之，明日却對來，勿言朕意也。」昌武候丞相歸，乃往。見門無一人。昌武徑入見之，徐賀曰：「今日聞降麻，士大夫莫不歡慰。」公但唯唯。又曰：「自上即位，未嘗除端揆，此非常之命，自非德重眷殊，何以至此？」公復唯唯。又歷陳前世爲僕射者，勳勞德業之盛，禮命之重，公亦唯唯，卒無一言。既退，復使人至庖厨中，問：「今日有無親戚賓客宴飲者？」亦寂無一人。乃具以所見對。上笑曰：「向敏中大耐官職。」

公在西京，有僧暮過村民家求寄止，主人不許，僧求寢於門外車箱中，許之。夜有盗入其家，自墻上扶一婦人并囊衣而出，僧適不寐，見之，自念不爲主人所納宿，今主人亡其婦及財，明日必執我詣縣矣，因夜亡去。走荒草中，忽墮眢井，則婦人已爲人所殺，先在其中矣。明日，主人搜訪，得之井中，執以詣縣掠治。僧自誣云：「與子婦姦，誘與俱亡，恐爲人所得，因殺之投井中，暮夜不覺失足，亦墜其中，贓在井傍亡失，不知何人所取。」獄成言府〔二〕，府皆不以爲疑，獨公以贓不獲疑之。引僧詰問數四，僧服罪，但言「某前生當負此人死」。公固問之，乃以實對。公密使吏訪其賊。吏食於村店，店嫗聞其自府中來，不知其吏也，問之曰：「僧某者其獄何如？」吏紿之曰：「昨日已笞死矣。」嫗曰：「今若獲賊則何如？」吏曰：「已誤決此獄矣，雖獲賊，亦不問也。」嫗曰：「言之無傷矣。婦人者，乃此村少年某甲所殺也。」吏曰：「其人安在？」嫗指示其舍，吏就舍中掩捕獲之，案問具服，并得其贓。一府咸以爲神。

時舊相出鎮者，多不以吏事爲意。唯公勤於政事，所至著稱。上曰：「大臣出臨四方〔三〕，唯向敏中盡心於民事耳。」於是有復用之意。

## 校勘記

〔一〕二人者名臣　「者」下玉壺清話卷五有「皆」字。按：此條注出歸田録，今見於玉壺清話。

〔二〕獄成言府　「言」，涑水記聞卷七作「詣」。

〔三〕大臣出臨四方　「四方」，同前書作「方面」。

## 陳恕　晉公

字仲言，洪州人。中進士第，位至參政。

公總領計司，多年，每便殿奏事，太宗或未深察，必形誚讓。公斂板踧縮〔一〕，退至殿壁，負墻而立，若無所容。俟帝意稍解，復進，慤執前奏，終不改易。如是或至三四。上以

其忠亮，多從其議。故當時言稱職者，公爲之首。沂公筆録

恕長於心計，爲鹽鐵使，釐去宿弊，大益興利，太宗深器之。嘗御筆題殿柱曰：「真鹽鐵陳恕。」擿遺

恕爲三司使，將立茶法，召茶商數十人，俾各條利害。公閲之第爲三等，語副使宋太初曰：「吾觀上等之説，取利太深，此可行於商賈，而不可行於朝廷。下等固滅裂無取。唯中等之説，公私皆濟，吾裁損之，可以經久。」於是始爲三法，行之數年，貨財流通，公用足而民富實。世言三司使之才，以恕爲稱首。後李諮爲使，改其法，而茶利浸失。後雖屢變，非公之舊法也。東軒筆録

公自升朝入三司爲判官，既而爲鹽鐵使，又爲總計使〔二〕，洎罷參政，復爲三司使，首尾十八年，精於吏事，朝廷藉其才。晚年多病，乞解利權。真宗諭曰：「卿求一人可代者。」時萊公罷樞密使歸班〔三〕，公即薦以自代。上用萊公爲三司使，而以公爲集賢學士判院事〔四〕。萊公入省，檢尋公前後改革興立事件，類爲方册，自是計使無不循其舊貫。李諮爲三司使，始改茶法，而晉公之規模漸革，向之方册亦稍稍除削，今則無復存者矣。東軒筆録

恕爲三司使，真宗命具中外錢穀大數以聞，恕諾而不進。久之，上屢趣之，恕終不進。上命執政詰之，恕曰：「天子富於春秋，若知府庫充實，恐生侈心，是以不敢進。」記聞

恕領春官，以王沂公爲舉首，歲中，拔劉子儀于常選，自云：「吾得二俊，名世才也。」是不愧於知人。談叢

公素不喜釋氏，嘗請廢譯經院，辭甚激切。真宗曰：「三教之興，其來已久，前代毀之者多矣，但存而不論可也。」

張忠定公閱邸報，忽再言「可惜許」。門人李畋請問之，曰：「參政陳恕亡也。斯人難得，唯公唯正，爲國家斂怨於身。斯人難得！」退爲詩哭之。乖崖語録

世稱陳恕爲三司使，改茶法，歲計幾增十倍。予爲三司使時，考其籍，自景德中北戎入寇之後，河北糴便之法蕩盡，後茶利十喪其九，恕在任，值北虜講解，商人頓復，歲課遂增，雖云十倍之多，考之尚未盈舊額。至今稱道，蓋不虞之譽也。筆談

### 校勘記

〔一〕公斂板蹙縮　「板」、「縮」，百川學海己集王文正公筆録作「裾」、「蹐」。

〔二〕又爲總計使　「計」原作「置」，據東軒筆録卷二、宋史卷二六七陳恕傳改。

〔三〕時萊公罷樞密使歸班　「使」上同前書有「副」字。按：中華書局版東軒筆録點校者李裕民先

生以爲此條記載有誤，據宋孫抃萊國寇忠愍公旌忠之碑、宋史卷二八一寇準傳，寇準咸平六年爲三司使之前爲權知開封府，罷樞密副使在十年前，任樞密使則在爲三司使之後四年。

〔四〕而以公爲集賢學士判院事　「以」原作「已」，據文意改。

## 張詠　忠定公

字復之，濮州人。中進士中第，至工部尚書。

公令崇陽，民以茶爲業，公曰：「茶利厚，官將榷之，不若早自異也。」命拔茶而植桑，民以爲苦。其後榷茶，他縣皆失業，而崇陽之桑皆已成，爲絹而北者歲百萬匹〔一〕，其富至今。談叢

公在崇陽，嘗坐城門下，見里人有負菜而歸者，問何從得之，曰：「買之市。」公怒曰：「汝居田里，不自種而食，何惰邪！」笞而遣之。仝

公在銀臺時，張永德爲并代帥，小校犯法，杖之而死，有詔按罪。公封還詔書曰：「永德方被邊寄，若責一小校，遂摧辱之，臣恐帥體輕而小人慢上矣。」不納。既而果有營卒脅刺其大校者，上始寤公言，面加慰勞。韓魏公撰神道碑

淳化四年冬，東西兩川旱，民飢，吏失救恤，寇大起。五年正月，賊首李順陷成都府，詔王繼恩充招安使，率兵討之。復命公知成都府事。五月，繼恩破賊，收成都，上留公，至秋始遣行。時關中率民負粮以餉川師，道路不絶。公至府，問城中所屯兵尚三萬人，而無半月之食。公訪知鹽價素高，而廩有餘積，乃下其估，聽民得以米易鹽。於是民爭趨之。未踰月，得米數十萬斛，軍中喜而呼曰：「此翁真善幹國事者。」時益雖收復，諸郡餘寇尚充斥，繼恩恃功驕恣，不復出兵，日以娱燕爲事，軍不戢，往往剽奪民財。公於是悉擒招安司素用事吏至廷，面數其過，將盡斬之。吏皆股栗求活，公曰：「汝帥聚兵玩寇，不肯出，皆汝輩爲之，今能亟白乃帥，分其兵，尚可免死。」吏曰：「唯公所命，兵不分，願就戮。」公釋之。繼恩即日分兵鄰州，不數日，減城中兵半。既而諸軍請食馬芻粟，公命以錢給之。繼恩詬曰：「馬不食錢，給錢何也？」公召謂曰：「今賊餘黨，所在尚多，民不敢出。招安使頓兵城中，不即討，芻粟民所輸，今城外皆寇也，何由得之？」繼恩懼，即出城討賊。公計軍食有二歲備，乃奏罷陝西運糧。上喜曰：「向益州日以運糧爲請，詠至方踰月，已有二歲備，此人何事不能了，朕無慮矣！」公以順黨始皆良民，一旦爲賊脅從，當示以恩信，許其自新。即揭牓諭之，已而首者相踵，公皆釋其罪，使歸田里。一日，繼恩械賊數十人，請公行法。公詢之，悉皆前所自首者，復縱之。繼恩恚而問公，公曰：「前日李順脅民爲賊，今日僕化賊

爲民，不亦可乎！」公度繼恩日横，以狀聞，上命上官正爲招安使。順之餘黨，公撫安于内，正擒討于外，再閲月而兩川平。碑

西川都巡檢使韓景祐爲所部廣武卒劉旰所逐，率衆掠懷安軍，破漢州。公方會僚屬，報至，飲燕如故。賊又掠邛蜀，將趨益。公適會客，報者愈急，公復不問。其夕，召上官正謂曰：「賊始發不三四日，破數郡，勢方鋭，不可擊，氣驕，敢逼吾城，乃送死耳，請出兵。比至方井，當遇賊，破之必矣。」正即受教，行至方井，果遇賊，一戰斬旰首，餘黨盡平。衆益服公料敵制勝，人所不及。碑

討劉旰兵廻，有以賊首級求賞者。公曰：「當奔突交戰之際，豈暇獲其首邪？此必戰後翦來，知復是誰？」殿直段倫曰：「學士果神明也。當時隨倫爲先鋒，入賊用命者，皆中傷破體，主帥令付營將理矣。」公命悉舁以來，先録其功，帶首級者次之，於是軍情以公賞罸至當，相顧歡躍。語録

公性剛毅，因責決一吏，彼枝詞不伏，公曰：「這的莫要劍喫？」彼云：「決不得，喫劍則得！」公牽出斬之以徇，軍吏愕眙相顧。自是俱服公之威信，令出必行。語録

初知益州，斬一猾吏，前後郡守所倚任者。吏稱無罪，公封判令至市曹，讀示之，既聞斷辭，告市人曰：「爾輩得好知府矣。」蓋李順嘗有死罪，此吏故縱之也。仝上

有僧行止不明，有司執之以白公。公判其牒曰：「勘殺人賊。」既而案問，果一民也，與僧同行於道中，殺僧取其祠部戒牒、三衣，因自披剃爲僧。寮屬問：「何以知之？」公曰：「吾見其額上猶有繫巾痕也。」記聞

民間訛言，有白頭老翁，午後食人男女。公召犀浦謂曰：「近訛言惑衆，汝歸縣去，訪市肆中歸明人尚爲鄉里患者，必大言其事，但立證解來。」明日果得之，公遂戮于市，即日帖然，夜市如故。公曰：「妖訛之興，沴氣乘之，妖則有形，訛則有聲，止訛之術，在乎識斷，不在乎厭勝。」

李順黨中有殺耕牛避罪亡逃者，公許其首身。拘母十日，不出，釋之；復拘其妻，一宿而來。公斷云：「禁母十夜，留妻一宵。倚門之望何疎，結髮之情何厚！舊爲惡黨，今又逃亡，許令首身，猶尚顧望。就市斬之。」於是首身者繼至，並遣歸業，民悉安居。並語録

公守蜀，兵火之餘，人懷反側。一日，合軍旅大閱，始出，衆遂嵩呼者三，公亦下馬東北望而三呼，復攬轡行，衆不敢讙〔二〕。或以此事告魏公，公曰：「當是時，琦亦不敢措置。」麈史

公鎮成都。一日，見一卒抱小兒在廊下戲，小兒忽怒批其父。張公見之，集衆語曰：「此方悖逆，乃自習俗，幼已如此，況其長成，豈不爲亂！」遂殺之。巵史

公嘗以蜀地素狹，游手者衆，事寧之後，生齒日繁，稍遇水旱，則民必艱食，時米斗直錢三十六，乃按諸邑田稅，如其價歲折米六萬斛，至春籍城中細民，計口給券，俾輸元估糴之，奏爲永制。逮今七十餘年，雖時有災饉，米甚貴，而益民無餒色者，公之賜也。碑

公凡有興作，先帖諸縣，於民籍中係工匠者，具帳申來，分爲四番，役十日滿，則罷去。夏則卯入，午歇一時。冬抵莫放，各給木札一𦈢以禦寒。工徒皆悦。有一瓦匠，因雨乞假，公判云：「天晴蓋瓦，雨下和泥。」事雖至微，公俱知悉。卮史

公寢室中張燈炷香，通夕宴坐，郡樓上鼓番漏水，歷歷分明，儻一刻差，必詰之，守籤者指名伏辜，謂公爲神明。公曰：「鼓角爲中軍號令，號令在前，尚不分明，其餘外事將如何也？」語録

公有清鑑，善臧否人物。凡所薦辟，皆方廉恬退之士。嘗曰：「彼好奔競者，將自得之，何假吾舉？」碑

轉運黄虞部好舉時才之士，公勸曰：「大凡舉人〔三〕，須舉好退者。好退則廉謹知耻，若舉之，則志節愈堅，少有敗事。莫舉奔競者，奔競者能曲事諂媚，求人知己，若舉之，必能矜才好利，累及舉官，故不少矣。其人既解奔競，又何須舉他？」語録

益不貢士者幾二十年，學校頽廢。公察郡人張及、李畋、張逵者，皆有學行，爲鄉里所

服，遂延獎加禮，篤勉就舉。後三人登科，歷美官。於是兩川學者知勸，文風日振。碑

公每斷事，有情輕法重、情重法輕者，必爲判語，讀以示之。蜀人鏤版，謂之戒民集，大抵以敦風俗、篤孝義爲本也。湘山野録

公在杭，有富民病將死，子方三歲，乃命其婿主其貲，而與婿遺書曰：「他日欲分財，即以十之三與子，七與婿。」子時長立，果以財爲訟。婿持其遺書詣府，請如元約。公閲之，以酒酹地曰：「汝之婦翁，智人也。時以子幼，故以此屬汝，不然，子死汝手矣！乃命以其財三與婿而子與其七，皆泣謝而去，服公明斷。碑

公之自蜀還也，詔以諫議大夫牛冕代公。公聞之曰：「冕非撫御才，其能綏輯乎！」踰年，果致王均之亂，逐冕據益州，後雖討平之，而民尚未寧。上以公前治蜀，長於安集，威惠在人，復以公爲樞密直學士，遷刑部侍郎，知益州，蜀民聞之，鼓舞相慶，如赤子久失父母，而復來鞠我也。公知民信己，易嚴以寬，凡令下，人情無不慰愜，蜀部復大治。上命謝濤撫蜀，諭公曰：「得卿在蜀，朕不復有西顧之憂。」因詔公鑄景德大鐵錢于嘉邛州，一當小鐵錢十，銅錢一，于今便之。碑

公問李畋曰：「百姓果信我否？」對曰：「侍郎威惠及民，民皆信服。」公曰：「前一任則未也，此一任應稍稍耳。秀才，只此一箇信，五年方得成。」語録

范延貴爲殿直，押兵過金陵。公爲守，因問曰：「天使沿路來，還曾見好官員否？」延貴曰：「昨過袁州，萍鄉縣邑宰張希顏者，雖不識之，知其好官員也。」公曰：「何以言之？」延貴曰：「自入縣境，驛傳橋道皆完葺，田萊墾闢，野無惰農。及至邑，則鄽肆無賭博，市易不敢諠爭。夜宿邸中，聞更鼓分明。以是知其必善政也。」公大笑曰：「希顏固善矣，天使亦好官員也。」即日同薦於朝。希顏後爲發運使，延貴亦爲閤門祗候，皆號能吏也。東軒筆録

公自金陵入，苦腦疽，未陛見，御史閤門累奏，上寬其告，俾養疾。公恨不得面陳所懷，乃抗論：「近年虛國家帑藏，竭生民膏血，以奉無用之土木者，皆賊臣丁謂、王欽若啓上侈心之所爲也，不誅死無以謝天下。」章三上，不報，出知陳州。澠水燕談

公在陳，一日方食，邸報至，公且食且讀，既而抵案慟哭者久之，哭止，復彈指久之，彈止，罵詈久之，乃丁謂逐萊公也。公自知禍必及己，乃延三大户於便坐，與之博，袖間出彩骰子，勝其一坐，乃買田宅爲歸計以自汙。晉公聞之，亦不害也。余謂此智者爲之，賢者不爲也。賢者有義而已，寧避禍哉！禍豈可避耶？談叢

公少學擊劍，樂爲奇節。有士人遊宦遠郡，爲僕夫持其不法事恐之，且欲其女爲妻即止，歲久，益恣横不能制。詠寓傳舍，知其事，即陽假此僕爲馭，單騎出城，至林麓中，斬之

而還。蒙求

公寢室中無侍婢服玩之物，闃如也。李畋嘗侍坐廡下，因謂：「公寢禪室不如。」公哂曰：「吾不爲輕肥，爲官以至此。吾往年及第後，以詩寄傅霖逸人云：『前年失脚下漁磯，苦戀明時未得歸。寄語巢由莫相笑，此心不是愛輕肥。』豈今日之言也？」語録

王均李順之亂，凡官於蜀者，多不挈家以行。公知益州，單騎赴任，官屬憚其嚴峻，莫敢蓄侍婢。公不欲絶人情，遂自買一婢，以侍巾櫛。自此官屬稍稍置姬侍矣。公還闕，呼婢父母，出貲以嫁之，仍處女也。一日，有術士上謁，自言能煅汞爲白金。公即市汞百兩俾煅，一火而成，不耗銖兩。公立命工煅爲一大香爐，鑿其腹曰：「充大慈寺殿上公用。」送寺中。以酒榼遺術者，而絶之。

公嘗訪摶，一見公，厚遇之，顧謂弟子曰：「此人於名利澹然無情，達必爲公卿，不達則爲帝王師。」碑

少時謁華山陳圖南，遂欲隱居。圖南曰：「公方有官職，未可議此。其勢如失火家待君救火，豈可不赴也！」

公去蜀，留一卷實封文字與僧正希白，且云：「候十年觀此。」後十年，公薨于陳，訃至，蜀人罷市號慟。希白爲公設大會齋，請知府凌策發所留文字，乃公畫像，自爲贊曰：「乖則

違俗，崖不利物。乖崖之名，聊以表德。」因號乖崖公。

公曰：「事君者廉不言貧，勤不言苦，忠不言己效，公不言己能，斯可以事君矣。」

公謂李畋曰：「大小之事，皆須用智。智猶水也，不流則腐。凡百不用智，則臨大事之際，寧有智來？」

公曰：「臨事有三難。能見，一也；見而能行，二也；當行必果決，三也。」

公謂李畋曰：「子知公事有陰陽否？」對曰：「未也。」曰：「凡百公事，未著字前，則屬陽，陽主生也，通變由之。著字後屬陰，陰主刑也，刑貴正名，名不可改。」

又曰：「子異日爲政，信及於民，然後教之；言及於義，然後勸之；動而有禮，然後化之；靜而無私，然後民安而樂業矣。行斯四者，在乎先率其身。」

李畋苦痁既瘳，請謁，公曰：「子於病中曾得移心法否？」對曰：「未也。」公曰：「人能於病中移其心，如對君父畏之、慎之，靜久自愈。」並語録

蘇軾書公帖後云：以寬得愛，愛止於一時；以嚴得畏，畏止於力之所及。故寬而見畏，嚴而見愛，皆聖賢之難事，而所及者遠矣。張公治蜀，用法之嚴，似孔明，孔明與公，遺愛皆至今。蓋尸而祝之，社而稷之也。

## 校勘記

〔一〕爲絹而北者歲百萬匹 「北」，原作「比」，據宋陳師道後山談叢（以下簡稱後山談叢）卷五改。

〔二〕衆不敢讙 「衆」下宋王得臣麈史（以下簡稱麈史）卷中有「亦」字。

〔三〕大凡舉人 「人」原誤作「久」，據洪本、張本改。

# 馬知節 正惠公

字子元，幽州人。以父功補官。位至樞密。

公十八監彭州兵馬，以嚴飭見憚如老將。監博州兵馬，時劉延讓敗於君子驛，而契丹歸矣。公方料丁壯，集芻粮，繕城治械如寇至。吏民初不悦其生事，已而契丹果至，度不可攻，乃去。

知延州，至郡，羌以兵覘邊，會上元，開門張燈，視以無爲，而羌卒不能爲寇。

除樞密副使。當是時，契丹已盟，大臣方言符瑞，而公每不然之，獨常從容極言「天下雖安，不可忘戰去兵」之意。真宗多以公言爲是。並王荆公撰神道碑

真宗末，王欽若每奏事，或懷數奏，出其一二，其餘皆匿之。既退，以己意稱聖旨行之。嘗與知節俱奏事上前，欽若將退，知節目之曰：「懷中奏何不盡出之？」記聞

公與同列奏對次，忽厲聲曰：「王欽若等，讀盡劄子，莫謾官家！」公退，見王文正，詞色尚怒，因語公曰：「諸子上前議論如此，知節幾欲以笏擊死之，但恐驚動君相耳。」公歎撫久之。文正遺事

真宗東封泰山，車駕發京師，上及從官皆蔬食。封禪禮畢，上勞王旦等曰：「卿等久食蔬，不易。」旦等皆再拜。馬知節獨進言：「蔬食者，唯陛下一人耳。王旦等在道，與臣同次舍，無不私食肉。」旦等皆再拜曰：「誠如知節之言。」記聞

## 曹瑋　武穆公

字寶臣，武惠王之子。以父任補官，位至樞密。配享真宗廟庭。

知渭州，圖涇原、環慶兩路山川、城郭、戰守之要以獻。

秦西南羌唃廝囉宗哥立遵始大，遵獻方物，求稱「贊普」。公上書言：「夷狄無厭，一足其求，必輕中國。」大臣方疑其事，會得公書，遂不許，而猶以爲保順軍節度使。公曰：「我

狃遵矣，又將爲寇，吾治兵以俟爾。」遵使其舅賞樣丹招熟户郭厮敦爲鄉導，公即誘樣丹捕厮敦而許以一州，樣丹終殺厮敦，公遂奏以爲頴州刺史，而樣丹亦舉南市城以獻。

曹侍中將薨，真宗親臨視之[一]，問以後事，對曰：「臣無可言。」固問之，對曰：「臣二子璨與瑋，材器有取，皆堪爲將。」上問其優劣，對曰：「璨不如瑋。」已而果然。瑋知秦州，嘗出循城，以城上遮箭版大高，召主者令下之。主者對曰：「舊如此，久矣。」瑋怒曰：「舊固不可改邪？」命斬之。僚佐以主者老將，諳兵事，罪小宜可赦，皆諫瑋，瑋不聽，卒誅之。軍中慴伏。瑋在秦州，有士卒十餘人，叛赴虜中。軍吏來告，瑋方與客圍碁，不應。吏亟言之，瑋怒，叱之曰：「吾固遣之去，汝再三顯言邪！」虜聞之亟歸，告其將，盡殺之。記聞

公在邊，蕃部有過惡者，皆平定之。每以餞將官爲名出郊，而兵馬次序以食品爲節，若曰「下某食」，即某隊發。比至水飯，則捷報至矣。東齋記事[二]

公爲將幾四十年，用兵未嘗敗衂，尤有功於西方。舊，羌殺中國人，得以羊馬贖死如羌法。公謂如此非所以尊中國而愛吾人，奏請不許其贖。陝西歲取邊人爲弓箭手，公以塞上廢地募人爲之，若干畝出一卒，若干畝出一馬，至其税斂[三]，爲發州兵戍守。至今邊賴以實，所募皆爲精兵。瑋募弓箭手，使馳射校强弱，勝者予田二頃，再更秋課，市一馬，馬必勝甲，然後官籍之，則加田五十畝。至三百人以上，團爲一指揮，擇要害處爲築堡，使自塹其

地，爲方田環之。立馬社，一馬死，衆爲出錢市馬。開邊濠，率令深廣丈五尺。山險不可塹者，因其峭絶治之，使足以限虜。後皆爲法。自三都之戰，威震西海，唃厮囉聞公姓名，即以手加額。在天雄，契丹使過魏地，輒陰勒其從人無得高語疾驅，至，多憚公，不敢仰視。天雄卒有犯法，衆謂獄具必殺之，公乃處以常法。或以爲疑。公笑曰：「臨邊對敵，斬不用命者，所以令吾衆，非喜殺也。平時治内郡，安事此乎？」初守邊時，山東知名士賈同造公，客外舍，公欲按邊，即同舍邀與俱。同問從兵安在，曰：「已具。」既出就騎，見甲士三千列立，人音不徹舍。同歸，語人曰：「瑋果名將也。」公爲將不如其父寛，然自爲一家云。

公好讀書，所如必載書數兩，兼通春秋公、穀、左傳，而尤熟於左氏。並行狀

寶元中，王忠穆公爲樞密使，河西首領趙元昊叛，上問邊備，輔臣皆不能對。明日，樞密四人皆罷。忠穆謫虢州，翰林學士蘇公儀與忠穆善，出城見之，忠穆謂公儀曰：「鬷之此行，前十年已有人言之。」公儀曰：「必術士也。」忠穆曰：「非也。昔時爲三司鹽鐵副使，疏決獄囚，至河北，時曹南院自陝西謫官初起爲定帥，鬷至定，治事畢，瑋謂鬷曰：『決事已畢，自此當還。明日願少留一日，欲有所言。』鬷既愛其雄材，又聞欲有所言，遂爲之留。明日，具饌甚簡儉，食罷，屏左右曰：『公滿面權骨，不爲樞輔，即邊帥。或謂公當作相，則不然也。然不十年，必總樞柄。此時西方當有警，公宜預講邊備，蒐閱人材，不然，無以應

卒。』𩇕曰：『何以見教〔四〕？』曹曰：『瑋在陝西日，河西趙德明嘗使人以馬博易于中國，怒其息微，欲殺之，莫可諫止。德明有一子，方十餘歲，極諫不已，曰：「以戰馬資鄰國，已是失計，今更以貨殺邊人，則誰肯爲我用者？」瑋聞其言，私念之曰：「此子欲用其人矣，是必有異志。」聞其嘗往來牙市中，瑋欲一識之，屢使人誘致之，不可得。乃使善畫者圖其貌，觀之，真英物也。此子必須爲邊患，計其時節，正在公秉政之日。公其勉之。』𩇕是時殊未以爲然，今知其所畫，乃元昊也。」筆談

## 校勘記

〔一〕真宗親臨視之　「真宗」原誤作「太宗」，據宋史卷二五八曹彬傳，事在真宗咸平二年。

〔二〕東齋記事　「齋」原誤作「萊」，按此條出宋范鎮東齋記事（以下簡稱東齋記事）。

〔三〕至其税斂　「税」原作「種」，據臨川集彰武軍節度使侍中曹穆公行狀改。

〔四〕何以見教　「何」，宋沈括夢溪筆談（以下簡稱夢溪筆談）卷九作「幸」。

# 宋名臣言行録前集卷第四

## 畢士安　文簡公

字仁叟，代州人。舉進士，相真宗。

端拱中，詔王府官各上所爲文。帝問近臣曰：「文吾既知之，其行孰優？」皆以公對。帝喜曰：「是也。」以本官知制誥。召爲翰林學士。大臣以張洎言，帝曰：「洎視士安，詞藝踐歷固不減，但履行遠在其下耳。」

契丹謀入寇，公首疏五事，陳選將、餉兵、理財之策甚備，帝多納用。中書闕宰相，乃進公參政。入謝，帝曰：「未也，行且相卿。然時方多事，求與卿同進者，其誰可？」曰：「寇準兼資忠義，善斷大事，此宰相才也。」帝曰：「聞其剛，使氣。」對曰：「準資方正，慷慨有大節，忘身徇國，秉道疾邪。此其素所蓄積也，朝臣罕出其右者，第不爲流俗所喜。今天下之民，雖蒙休德，涵養安佚，而西北跳梁爲邊境患，若準者，所宜用也。」帝曰：「然當藉卿宿德鎮之。」不閱月，拜公本官平章事，寇公並命，而以公監修國史，位在上。既而契丹益犯邊，北州皆警，二公始合議，請帝幸澶淵。

公雖貴，奉養無異平素，未嘗殖産爲子孫計。故天下稱其清。王文正爲相，嘗面奏曰：「士安仕至輔相，而四海無田園居第。没未終喪，家用已屈，今其妻有貸於臣家。其不負陛下所知可見矣。」並劉莘老撰神道碑

真宗詔選官校勘三國志、晉、唐書，或有言兩晉事多鄙惡，不可流行者，真宗以語宰相，公對曰：「惡以戒世，善以勸後，善惡之事，春秋備載。」蓬山志

## 寇準　萊國忠愍公

字平仲，華州人。中進士第，相真宗。

太宗幸魏也，公年十六，以父陷蕃，上書行在，辭色激昂，舉止無畏。上壯之，命有司記姓名，後二年進士及第，寖以貴顯。遺事

公年十九，舉進士。時太宗取人，多問其年，年少者往往罷遣。或教公增其年，公曰：

「吾初進取，可欺君耶？」

知歸州巴東縣，每期會賦役，不出符移，唯具鄉里姓名揭縣門，民莫敢後者。嘗賦詩，有「野水無人渡，孤舟盡日横」之句，時以爲若得用，必濟大川。手植雙柏於縣庭，至今民以比甘棠，謂之「萊公柏」。政要

太宗時，公爲員外郎，奏事忤上旨，上拂衣起，欲入禁中，公手引上衣，令上復坐，決其事然後退。上由是嘉之，嘗曰：「朕得寇準，猶唐文皇之得魏鄭公也。」記聞

太宗時，一歲大旱，天子以爲憂。嘗輦過館中，泛以問衆。衆皆曰：「水旱，天數也，堯、湯所毋奈何。」準獨曰：「朝廷刑罰偏頗，凡天旱爲是發耳。」上怒起，入禁中。頃之，召準問所以偏頗狀，準曰：「願召兩府至前，臣即言之。」有詔召兩府入，準乃言曰：「某子甲坐贓若干，少爾，罪乃至死；參知政事王沔，其弟淮盗所主守財至千萬以上，顧得不死。刑罰非偏如何？」上顧問沔，沔頓首謝，即皆罷去。其暮遂大雨。上大喜，以準可用，遂驟進。

劉貢父撰萊公傳

公性忠朴，喜直言，無顧避，時人爲之語曰：「寇準上殿，百僚股栗。」遺事

公在青州〔一〕，太宗久不豫，驛召還問後事。公曰：「知子莫若父，臣愚，不當與也。」固問之，公再拜曰：「臣觀諸皇子，惟壽王得人心。」上大悦，遂定策，以壽王爲太子。謁太廟

還，六宮登樓以觀，百姓皆合手叩額，歌呼相慶，曰：「少年天子也。」遺事

契丹犯澶淵，急書一夕凡五至，萊公不發封，飲笑自如。明日同列以聞，真宗大駭，取而發之，皆告急也，大懼，以問，公曰：「陛下欲了欲未了邪？」曰：「國危如此，豈欲久耶！」曰：「陛下欲了，不過五日爾。」其説請幸澶淵。上不語，同列懼，欲退，公曰：「士安等止候駕起，從駕而北。」上難之，欲還内，公曰：「陛下入，則臣不得見，而大事去矣！請無還而行也。」遂行，六軍百司，追而及之。談叢

天子北巡至澶州，虜騎已過魏府矣。上疑，不欲渡河，駐南澶州。準勸上北渡，以固衆心，毋令虜得乘勝。上猶豫未決。時陳堯叟勸上避之蜀，王欽若勸上避之金陵，上以問準，準曰：「誰爲陛下畫此計者？」上曰：「顧所畫如何耳，毋問其名。」準曰：「臣姑欲知之，先斬此曹，以令天下。且先帝建都垂五十年，天下財用兵甲，聚於京師，宗廟社稷之所寄也。不幸有事，陛下當與臣等以死守之，今一旦棄去，非復陛下所有，若盜賊因緣而起，陛下當何歸乎？」上喟然。準又勸上北渡，上猶未決。因起更衣，準亦下殿去。時高瓊爲殿前都指揮使，宿衛殿下，準謂瓊曰：「事當奈何？太尉胡不一言！」瓊曰：「相公謀之廟堂，瓊何敢與知。然相公所以謂上何？」準曰：「今渡河，則河北不勞力而定，不渡則虜日益熾，人心不敢自固，雖有智者，不能善其後矣。」瓊呼曰：「陛下聽寇準語，準所言是也。」上還問

之，語良久，準即昳瓊，以其兵先渡，又自牽馬奉上，上乃從之。既至澶州，上御城北門，準居上前，上盡以軍事委準，準因承制專決，號令明肅，士卒喜悅。虜數千騎乘勝薄城下，有詔吏士迎擊之，斬獲太半，虜乃引退，不敢復逼。會暮，上還宮，留準居城上，上使人視準何爲，曰：「準方飲酒歌笑。」上未嘗不釋然也。相持十餘日，契丹計索，欲引去，始請和。既有約矣，又率其衆，詐欲填壕，會有飛矢射其統軍殺之，契丹大擾，其請和遂益堅。準不肯，虜使來益恭，上將許之，準欲邀使稱臣，且獻幽州地，時上厭兵事，於是有譖準不願與虜平，幸有兵事，以自取重。上亦不悅，準不得已，許之。時虜舉國來寇，入中國千餘里，其歸，不十日不能出漢地，郡邑堅壁清野以待，寇虜人馬飢乏，百萬之衆，可毋戰而死。虜窘如此，誠少抑緩之，契丹不敢不稱臣，幽州可必得也。萊公傳

虜請和，上以問公，公曰：「如用臣策，可數百年無事，不然四五十年後，臣恐戎心又生矣。」上曰：「朕不忍生靈受困，不如且聽其和，四五十年後，安知無能捍塞者乎！」戎遂得和。遺事

上至澶州，賊猶未退，公曰：「六軍心膽在陛下身上，今若登城，必禽賊矣。」上因御澶之北門，將士望見黃屋，皆呼萬歲，聲震原野，勇氣百倍。遺事

公在澶淵，每夕與楊億飲博謳歌，諧謔喧呼常達旦，或就寢則鼾息如雷。上使人覘之，

喜曰：「得渠如此，吾復何憂！」記聞

虜兵既退，來求和親，命曹利用與之約。時契丹已疲，又懼鎮定大兵，扼其歸路，見利用至，甚喜，寢以珠緣貂褥。虜主求割河北，利用曰：「如此，臣得族罪矣。不敢以聞。」許歲給金繒二十萬，虜嫌其少。利用復還奏之，上曰：「百萬以下，皆可許也。」準召利用，語之曰：「雖有敕旨，汝往，所許毋得過三十萬，過三十萬勿來見準，準將斬汝。」利用股栗。再至虜帳，果以三十萬成約而還。記聞

和議成，諸將請設伏邀擊，可使虜匹馬不返。萊公勸帝勿從，縱虜歸國，以保盟好。聞見録

真宗之次澶淵也，一日，語公曰：「今虜騎未退，而天雄軍截在賊後，萬一陷没，則河朔皆虜境也。何人可爲朕守魏？」公曰：「當此之際，無方略可展。古人有言，智將不如福將。臣觀參政王欽若福禄未艾，宜可爲守。」於是即時進熟出敕。退召欽若，諭以上意，授敕俾行。欽若茫然自失，未及有言，公遽曰：「主上親征，非臣子辭難之日。參政爲國柄臣，當體此意。馹騎已集，仍放朝辭，便宜即塗，身乃安也。」遽酌太白飲之，命曰「上馬盃」。欽若驚懼，不敢辭，飲訖拜別。公答拜曰：「參政勉之，回日即爲同列也。」欽若馳入魏，則戎虜滿野，無以爲計，但屯塞四門，終日危坐。越數日，虜騎退，乃召爲次相。或云：王公

數進疑辭於上前，故萊公因事出之，以成勝敵之績耳。東軒筆録

章聖嘗謂兩府，欲擇一人爲馬步軍指揮使。公方議其事，吏有以文籍進者，公問其故，曰：「例簿也。」公叱曰：「朝廷欲用一牙官，尚須檢例耶，安用我輩哉！壞國政者，正由此耳。」遺事

上既回鑾，每歎公之功。小人或譖之曰：「陛下知博乎？錢輸將盡，取其餘盡出之，謂之孤注。陛下，寇準之孤注也。尚何念！」帝聞之驚甚，公眷禮遂衰。聞見録

公鎮大名府，北使道由之，謂公曰：「相公望重，何以不在中書？」公曰：「皇上以朝廷無事，北門鎖鑰，非準不可。」掇遺

大中祥符元年正月，天書降于宮中承天門，天子以改元。六月，又降于泰山，是歲十月，封泰山。間二歲，祀后土、汾陰。天子奉天書謹甚，載以玉輅，天書所行，天子不敢當其道。居無幾何，復有神降于延恩殿，號稱天尊。天子親自見之，上於是益崇飾祀事。自天書始降，則築昭應宮，其後復置會靈、景靈之屬，而祀老子于亳州，天下無慮皆神事矣。準是時出爲外官，又不信天書，上益疏準。最後知京兆府，都監朱能復獻天書。上以問王旦，旦曰：「始不信天書者準也，今天書降準所當，令準上之，則百姓將大服，而疑者不敢不信也。」上從之，使中貴人逼準。朱能素事宦者周懷政，而準婿王曙居中與懷政

善，勸準與能合。準始不肯，曙固要準，準亦因此復爲中書侍郎、平章事，天禧三年也。萊公傳

天禧末，真宗寢疾，章獻太后漸預朝政，上意不能平。公探此意〔二〕，遂欲廢章獻，立仁宗，尊真廟爲太上皇，而誅丁謂、曹利用等。於是引李迪、楊億、曹瑋、盛度、李遵勗等協力，處晝已定，凡誥命盡使楊億爲之，且將舉事。會公因醉漏言，有人馳報謂，謂夜乘犢車往利用家謀之。明日，利用入，盡以公所謀白太后，遂矯詔罷公政事。及真宗上仙，遂指公爲反，而投海上。其事有類上官儀者，天下寃之。楊億臨死，取當時所爲詔誥及始末事迹，付遵勗收之。章獻上仙，遵勗乃抱億所留書進呈仁宗，及叙陳本末，仁宗盡見當日曲直，感歎再三，遂下詔湔滌其寃，贈中書令，謚曰「忠愍」。筆録

公好士樂善不倦，种放、丁謂之徒，皆出其門。然嘗語所親曰：「丁生誠奇材，惟不堪重任。」公爲丞相，謂參政，嘗會食都堂，羹染公鬚，謂起拂之，公正色曰：「身爲執政，而親爲宰相拂鬚耶？」謂慚不勝，公恃正直而不虞巧佞，故卒爲所陷。遺事

公爲樞使，利用爲副，公以其武人，輕之。議事有不合者，輒曰：「君一夫耳〔三〕，豈解此國家大體！」利用由是銜之。真宗將立劉氏，公及王旦、向敏中皆諫議，以爲出於側微，不可。劉氏宗人横於蜀，奪民鹽井，上以后故，欲捨之，公固請行法。是時上已不豫，不能

記覽，政事多宫中所決。丁知曹、寇不能平，遂與利用合謀，請罷公政事，除太子少傅。上初不知，歲餘，忽問左右：「吾目中久不見寇準，何也？」左右亦不敢言。上崩，太后稱制，公再貶雷州。記聞

公始謫道州司馬，素無公宇，百姓聞之，競荷瓦木，不督而會，公宇立成，頗亦宏壯。守土者聞于朝，遂再有海康之行。倦遊録

公貶雷州，丁謂遣中使賫敕往授之，以錦囊貯劍，揭於馬前。既至，公方與郡官宴飲，驛吏言狀，公遣郡官出迎之。中使避不見，入傳舍中，久之不出。問其所以來之故，不答。上下皆惶恐，不知所爲。公神色自若，使人謂之曰：「朝廷若賜準死，願見敕書。」中使不得已授之。公拜受於庭，升堦復宴飲，至暮罷。記聞

公貶死於雷，詔還葬雒陽，過公安，民皆迎祭，哭其喪，斬竹插地，以掛紙錢焚之。尋復生笋成林，邦人神之，號曰「相公竹」。因立廟其旁。塵史及名臣傳

公赴貶雷州，道出公安，剪竹插於神祠之前，而祝曰：「準心若負朝廷，此竹必不生。若不負朝廷，此枯竹當再生。」其竹果生。筆録

此説與前二書異，意前説爲是。

公少時不脩小節，頗愛飛鷹走狗。太夫人性嚴，嘗不勝怒，舉秤鎚投之，中足流血，由

是折節從學。及貴，母已亡，每捫其痕輒哭。記聞

公初爲樞密直學士，賞賜金帛甚厚。乳母泣曰：「太夫人不幸時，家貧，求一縑作衾襚不可得，豈知今日富貴哉！」公聞之慟哭，盡散金帛，終身不畜財産。公外奢内儉，無聲色之娱，寢處一青幃，二十餘年，時時有破壞，益命補葺。或以公孫洪事靳之，笑答曰：「彼詐我誠，雖弊何憂？且不忍處之久而以弊復棄也。」遺事

處士魏野贈公詩曰：「有官居鼎鼐，無宅起樓臺。」及上即位，北使至，賜宴，兩府預坐，北使歷視坐中，問譯者曰：「誰是『無宅起樓臺』相公？」坐中無答。丁謂令譯者謂曰：「朝廷初即位，南方須大臣鎮撫，寇公暫撫南夏，非久即還。」政要

鄧州花蠟燭名著天下，雖京師不能造，相傳云是公燭法。公嘗知鄧州，而自少年富貴，不點油燈，尤好夜宴劇飲，雖寢室亦燃燭達旦。每罷官去後，人至官舍，見厠溷間燭淚成堆。杜祁公爲人清儉，在官未嘗燃官燭，油燈一炷，熒然欲滅，與客相對清談而已。二公皆爲名臣，而奢儉不同如此。然祁公壽考終吉，萊公晚有南遷之禍，雖其不幸，亦可以爲戒也。歸田録

王元之之子嘉祐爲館職，平時若愚騃，獨公知之，喜與之語。公知開封府，一日問嘉祐曰：「外人謂劣丈云何？」嘉祐曰：「外人皆云丈人旦夕入相。」公曰：「於吾子意何如？」

嘉祐曰：「以愚觀之，丈人不若未爲相爲善，相則譽望損矣。」公曰：「何故？」嘉祐曰：「自古賢相，所以能建功業、澤生民者，其君臣相得，如魚之有水，故言聽計從，而功名俱美。今丈人負天下重望，相則中外有太平之責焉，丈人之於明主，能若魚之有水乎？此嘉祐所以恐譽望之損也。」公喜，起執其手曰：「元之雖文章冠天下，至於深識遠慮，殆不能勝吾子。」記聞

張忠定公守蜀，聞公大拜，曰：「寇準真宰相也。」又曰：「蒼生無福。」門人李畋怪而問之〔四〕，曰：「人千言而不盡者，準一言而盡。然仕太早，用太速，不及學耳。」張、寇布衣交也，公兄事之，忠定常面折不少恕，雖貴不改也。公在岐，忠定在蜀，還，不留，既别，顧公曰：「曾讀霍光傳否？」曰：「未也。」更無它語〔五〕。公歸取其傳讀之，至「不學無術」，笑曰：「此張公謂我矣。」談叢

張乖崖常稱：「使寇公治蜀，未必如詠。至於澶淵一擲，詠亦不敢爲也。」記聞

準疏通博裕，果敢沈毅，能斷大務，不循細檢。喜風幹，善議論，與人無城府，接物無崖岸。顧大義可爲者，必奮厲翔躍，以身先之，其勇若賁、獲。至於外險中艱，斬然涯垠，亦坦坦無退衂意。聞一善，薦道推輓，不進用不已。附離苟合者，疾之如仇讎。孫抃奉敕撰旌忠碑

公南行至雷陽，吏以圖獻，閲視之，首載郡東南門抵海岸凡十里，準恍然悟曰：「吾少時有『到海秖十里，過山應萬重』之句，廼今日意爾。人生得喪，豈偶然耶？」旌忠碑

公貶雷州，時丁謂與馮拯在中書，丁當秉筆，初欲貶崖州，而丁忽自疑，語馮曰：「崖州再涉鯨波，如何？」馮唯唯而已。丁乃徐擬雷州。丁之貶也，馮遂擬崖州。當時好事者相語曰：「若見雷州寇司户，人生何處不相逢？」比丁之南也，寇復移道州，寇聞丁當來，遣人以蒸羊逆于境上，而收其僮僕，杜門不放出。聞者多以爲得體。歸田録

## 校勘記

〔一〕公在青州　「青州」，歷代小史本萊公遺事作「魏時」。

〔二〕公探此意　「探」下東軒筆録卷三有「知」字。

〔三〕君一夫耳　涑水記聞卷七清武英殿聚珍本及長編卷五九天禧四年六月丙申條均作「君一武夫耳」，然下文引倦遊録亦作「一夫」，不改。

〔四〕門人李畋怪而問之　「門人李畋」，後山談叢作「幕下」。

〔五〕更無它語　此下後山談叢尚有「蓋以不學爲戒也」一句。

# 高瓊　衛國武烈王

家世燕人，徙亳州。事太宗、真宗，官至太尉。曾孫女配英宗，爲宣任聖烈皇后。

上在澶淵南城，瓊因請幸河北〔一〕，曰：「陛下不幸北城，百姓如喪考妣。」馮拯在旁呵之曰：「高瓊何得無禮！」瓊怒曰：「君以文章爲大臣，今虜騎充斥如此，猶責瓊無禮，君何不賦一詩詠退虜騎邪！」上乃幸北城。至浮橋，猶駐輦未進，瓊以所執檛築輦夫背，曰：「何不亟行！今已至此，尚何疑焉？」上乃命進輦。既至，登北城門樓，張黄龍旗，將士皆呼「萬歲」。會虜將撻覽中弩死，虜衆遂退。他日，上命寇準召瓊詣中書，戒之曰：「卿本武臣，勿强學儒士作書語也〔二〕。」記聞

太祖與羣臣言，未嘗文談，蓋欲激厲將士，此漢高祖溺冠之意也。至太宗好文，方戰爭之時，多作詩賦，羣臣屬和，故武事不競，卒有潘美之敗。及澶淵之役，章聖既渡大河，至浮橋一半，瓊執御轡曰：「此處好唤宰相吟兩首詩也！」蓋當時宰相王欽若、陳堯叟輩好爲詩賦，以薄此輩，故平日憾之，而有此語。元城語録

真宗嘗問：「卿子幾人？」曰：「臣子十有四人。臣誠愚不肖，然未嘗不教以知書。」於

是賜諸經史於其家。每戒諸子：「毋曲事要勢，以嶄進身。若吾奮節行間，至秉旄鉞，豈因人力哉！」王禹玉撰神道碑

## 校勘記

〔一〕瓊因請幸河北「因」，涑水記聞卷六作「固」。

〔二〕勿强學儒士作書語也「書」上同前書有「經」字。

# 楊億文公

字大年，建州人。以神童召試。事太宗、真宗，官至翰林學士。

公年十一，太宗親試一賦二詩，頃刻而成。上喜，送中書再試。執政令賦喜朝京闕詩，亦立就，且有「願秉清忠節，終身立聖朝」之句，宰相表賀。野録

公每欲作文，則與門人賓客飲博，投壺奕碁，語笑諠譁，而不妨締思〔一〕。以小方紙細書，揮翰如飛，文不加點，每盈一幅，則命門人傳録，門人疲於應命，頃刻之際，成數千言，真

一代之文豪也。歸田録

公凡爲文章，所用故事，常令子姪諸生檢討出處，每段用小片紙録之〔二〕。既成，則綴粘所録而蓄之，時人謂之衲被焉。家塾記

公爲學士時，草答契丹書，云「鄰壤交歡」。進草既入，真宗自注其側云：「朽壤，鼠壤，糞壤。」大年遽改爲「鄰境」。明旦，引唐故事：學士作文書有所改，爲不稱職，當罷。因亟求解職。真宗語宰相曰：「楊億不通商量，真有氣性。」歸田録

公以文章擅天下，然剛勁寡合〔三〕。有惡之者，以事譖之。大年在學士院，忽夜召見於一小閤，深在禁中。既見賜茶，從容顧問，久之，出文藁數篋，以示大年，云：「卿識朕書蹟乎？皆朕自起草，未嘗命臣下代作也。」大年皇恐，不知所對，頓首再拜而出，乃知必爲人所譖矣。並歸田録

公因母病，有陽翟之行，王文正恐人害之，白上遣使賜醫藥，既而言事者彈劾不已，卒以亞卿分司。上嘗語輔臣曰：「聞楊億好謗時政。」王公曰：「億文人，幼荷國恩，若諧謔過當，則恐有之。至於謗訕，臣保其不爲也。」掇遺〔四〕

公爲執政所忌，母病謁告，不俟朝旨，徑歸韓城，與弟倚居〔五〕，踰年不調。公有啓謝朝中親友曰：「介推母子，願歸綿上之田；伯夷弟兄，甘受首陽之餓。」後除知汝州，而希旨言事者攻之不已。公又有啓與親友曰：「已擠溝壑，猶下石而未休；方困蒺藜，尚關弓而相

射。」青箱雜記

丁謂初參政，僚例賀焉。語同列曰：「骰子選爾，何多尚哉！」未幾，辭親疾逃陽翟别墅。掇遺

楊文公以直道獨立，時有挾邪説以進者，面戲公曰：「君子知微知章，知柔知剛。」公應聲答曰：「小人不耻不仁，不畏不義。」家塾記

范文正公讚公畫像曰：公以命世之才，其位不充，故天下知公之文，而未知公之道也。昔王文正公居宰府僅二十年，未嘗見愛惡之迹，天下謂之大雅。萊公當國，真宗有澶淵之幸，而能左右天子，如山不動，卻戎狄，保宗社，天下謂之大忠。樞密扶風馬公，慷慨立朝，有犯無隱，天下謂之大直。此三君子者，一代之偉人也。公與三君子深相交許，情如金石，則公之道，其正可知矣。

## 校勘記

〔一〕而不妨締思　「締」，宋歐陽修歸田録（以下簡稱歸田録）作「構」。此處蓋避宋高宗諱也。

〔二〕每段用小片紙録之　「段」原作「改」，據五朝名臣言行録卷第四之四改。

〔三〕然剛勁寡合　「剛」上同前書有「性」字。

〔四〕掇遺　五朝名臣言行録卷第四之四作「王文公遺事」。

〔五〕與弟倚居　「倚」原作「偉」，據元刊本、五朝名臣言行録卷第四之四改。

## 王曙　文康公

字晦叔，河南人。中進士第，又舉賢良方正科。相仁宗。

公知益州，賊盗贓無輕重，一切戮之，蜀中股慄。不數月，賊屏竄列郡，皆外户不閉。先是，張詠守蜀，季春糶廪米，其價比時估三之一，以濟貧民。凡十户爲一保，一家犯罪，一保皆坐，不得糶。民以此少敢犯法。至是，獻議者改詠之法，窮民無所濟，復爲盗。公奏復之。名臣傳

公治蜀，頗以法御下，有謗其太苛，會劉煜召還爲右正言，真宗召問：「凌策、王曙，治蜀孰優？」曰：「凌策在蜀，值歲豐，故得以平易治之。王曙值歲歉，慮民爲盗，故以法治之。使之易地，則皆然。」真宗善其言。仝上

公與薛簡肅公俱嘗鎮蜀，而皆有名。章獻時同爲執政，一日，奏事已，因語蜀事，公曰：「臣在蜀時，有告戍卒反，乃執而斬之於營門，遂無事。」薛曰：「臣在蜀時，亦有告戍卒反者，叱出之，亦無事。」野録

玉清昭應宫災，守衛者皆坐繫獄。公上疏曰：「昔魯桓、僖宫災，孔子以爲桓、僖親盡當毁者也。遼東高廟及高園便殿災，董仲舒以爲高廟不當居郡國，便殿不當居陵旁，故災。魏崇華殿災，高堂隆以爲天以臺榭宫室爲戒，宜罷勿治，文帝不聽，明年復災。今所建宫，不應經義，災變之來，若有警者。願除其地，罷諸禱祠，以應天變。」仁宗與太后感悟，遂薄守衛者罪。已而詔以不復繕脩諭天下。

謝希深、歐陽永叔官洛陽時，同遊嵩山歸〔一〕，暮抵龍門香山，雪作。留守錢文僖公遣吏以厨傳歌妓至，且勞之曰：「山行良勞，當少留龍門賞雪，府事簡，無遽歸也。」錢遇諸公之厚類此。公代錢爲留守〔二〕，御史如束濕，諸公俱不堪其憂。日訶其多出游，責曰：「公等自比萊公何如？萊公尚坐奢縱取禍貶死，況其下者乎！」希深而下不敢對，永叔取手板起立曰：「萊公之禍不在杯酒，在老不知退爾。」時王公年已高，若爲之動。卒薦永叔入館。聞見録

## 校勘記

〔一〕同遊嵩山歸　「歸」上邵氏聞見録卷八有「自潁陽」三字。

〔二〕公代錢爲留守　「公」同前書作「王沂公」。按：宋史卷二八六王曙傳亦載此事，且五朝名臣言行録此卷所述正爲王文康公（王曙）事迹，邵氏聞見録傳本有誤。

# 宋名臣言行録前集卷第五

## 王曾　沂國文正公

字孝先，青州人。由鄉貢試禮部、御前皆第一。相仁宗。

公青州發解，南省、庭試，皆爲首冠。中山劉子儀爲翰林學士，戲語之曰：「狀元試三場，一生喫着不盡。」沂公正色答曰：「曾平生之志，不在温飽。」筆録

祥符中，公在掖垣，時瑞應沓臻，公嘗請對，上語及之。公奏曰：「斯誠國家承平所感而致，然願推而勿居，異日或有災沴，則免夫輿議。」退，又白於執政。及後飛蝗旱暵，乃亟被擢用焉。言行録

公以建昭應宫上疏陳事之不便者五條以諫，請殺其制，其餘論事甚衆，皆削其藁，惟此疏偶存。仝上

章聖不豫，劉后諷宰臣丁謂欲臨朝，中外洶洶，無敢言者。公謂后戚錢惟演曰：「漢之呂后，唐之武氏，皆非據大位，其後子孫誅戮，不得保首領。公后之肺腑，何不入白皇后，萬一宮車不諱，太子即位，太后輔政，豈不爲劉氏之福乎？若欲稱制以取疑於天下，非惟爲劉氏之禍，恐亦延及公矣！」惟演大懼，入白之，其議遂止。政要

初，章聖上僊，外尚未聞，中書、密院同入問起居，召詣寢閤，東面垂帷，明肅傳遺命，輔立皇太子及皇太后權聽斷軍國大事，退而發哀。公於殿廬草具遺制，丁謂欲去「權」字，加淑妃爲皇太妃字，公執咨曰：「皇帝冲年，太后臨朝，斯已國家否運，稱『權』猶足示後，況言猶在耳，何可改也？且增減制書有法，豈期表則之地，先欲亂之耶？曷爲更載立妃之文？必若尊禮，當俟事定而議。」謂勃然曰：「參政却欲擅改遺制乎？」公曰：「曾適來寢殿中，實不聞此言，若誠有之，豈敢改也！」諸公無相同者，遂依違而行，然「權」字遂不敢去。故謂之敗，公首被爰立之命。言行録

章獻明肅太后權處分軍國事，聽斷儀式，久而未定。公時判禮儀院，乃采蔡邕獨斷所述東漢故事，皇帝在左，母后在右，同殿垂簾，中書、樞密院以次奏事如儀。人心乃定。言行録

丁謂既逐李迪於衡州，大行貶竄王欽若、丁度等，皆投之遠方。時公參知政事，不平之，曰：「責太重矣。」謂孰視久之，曰：「居亭主人，恐亦未免也。」沂公踧然而懼，因密謀去

之。内侍雷允恭既有力於謂，謂深德之。至是允恭爲山陵都監，謂爲山陵使，允恭擅移山陵上穴，謂知其非，而重違允恭，無所可否。既而上穴果有石，石盡水出。公具得其事，以謂擅易陵地，意有不善，欲奏之而未得間，語同列曰：「曾無子，欲令弟子過房。來日奏事畢，略留奏之。」謂不以爲疑。太后聞之，大驚，即命差官按効其事，而謂不知也。謂既得罪，山陵竟就下穴。蓋謂所坐欲庇允恭耳。然其邪謀深遠，得位歲久，心不可測，雖公以計傾之，而公議不以爲非也。龍川志

公在中書，聞謂卒，顧謂同列曰：「斯人平生多智，其在海外，猶能用智而還，若不死，數年未必不復用。斯人復用，則天下之不幸可勝道哉！吾非幸其死也。」筆録

天聖初，公嘗詮録古先聖賢事跡凡六十事，繪事以獻。上嘉納之，降詔褒美，仍敕鏤板模印，均賜近侍，因命禁署，月繪二十軸以進焉。公又建議，請擇名儒勸講。尋命孫奭、馮元，更侍經筵。言行録

魏公言，公當國，門下未嘗顯拔一人。希文乘間輒諷之曰：「明揚士類，宰相之任也。公之盛德，獨少此爾。」公徐應之曰：「司諫不思邪，恩若己出，怨將誰歸？」希文惘然嘆曰：「真宰相也！」别録公嘗以大臣執政，不當收恩避怨，曰：「恩欲歸己，怨使誰當？」聞者歎服。歸田録

公嘗言，始參大政，屬故王太尉當國，每進用朝士，必先望實。或曰：「某人才，某人賢。」則曰：「誠知此人，然歷官尚淺，且俾養望，歲久不渝，而後擢任，則榮塗坦然，中外允愜。」故公執政之日，遵行是言，而人皆心服。

公留守洛陽，屬歲歉，里有囷積者，飢民聚黨脅取，隣郡以强盗論，報死者甚衆。公但重笞而釋之。遠近聞以爲法，全活者數千計。

公嘗語曰：「昔楊文公有言，人之操履，無若誠實。吾每欽佩斯言。苟執之不渝，夷險可以一致。」言行録

公再莅大名，治政益信於俗，民居軍伍，咸畫像以事之。時虜使每往來入境，皆云：「此府王公在焉。」必沐浴潔服而入。

公在閣下累年，時楊文公已居内制，楊性恢諧，好嘲誚，凡僚友無不狎侮，至公則曰：「第四廳舍人，不敢奉戲。」故李翰林昌武尤所歎服，嘗曰：「若王舍人，可謂不可得而親踈也。」並言行録

魏公言，公德器深厚而寡言。當時有得其品題一兩句者，人皆以爲榮。琦爲諫官時，因納劄子，忽云：「近日頻見章疏，甚好，只如此可矣。向來如高若訥輩，多是擇利，范希文亦未免近名。要須純意於國家事爾。」魏公别録

公與孫冲同牓，冲子京一日往辭，公相留云：「喫食了去。」飭子弟云：「已留孫京喫食，安排饅頭。」饅頭時爲盛饌也。食後合中送數軸簡紙，開看，皆是他人書簡後截下紙。其儉德如此。韓莊敏遺事

胡文定公曰：李文靖澹然無欲，王沂公儼然不動。資稟既如此，又濟之以學，故是八九分地位也。

## 李迪　文定公

字復古，其先趙郡人，後家濮州。舉進士第一，相真宗仁宗，以太傅致仕。

公爲舉子時，從种放明逸先生學。將試京師，携明逸書見柳開仲塗，以文卷爲贄，與謁俱入。久之，仲塗出曰：「讀君之文，須沐浴乃敢見。」因留之門下。一日，仲塗自出題，令公與其諸子及門下客同賦。賦成，驚曰：「君必魁天下，爲宰相。」文定所擬賦題不傳，如王沂公初作有物混成賦，識者知其決爲宰相。蓋所養所學發爲言辭者，可以觀矣。聞見録

公罷陝西都轉運使，還朝。是時真宗方議東封西祀，修太平事業。知秦州曹瑋奏：「羌人潛謀入寇，請大益兵爲備。」上大怒，以瑋虛張虜勢，恐愒朝廷，以求益兵。以迪新自

陝西還，召見，示以瑋奏，問其虛實，欲斬瑋以戒妄言者。迪因奏曰：「瑋良將，必不妄言。臣觀陛下意，不欲從鄭州門出兵耳。秦之旁郡兵甚多，可發以戍秦。臣在陝西，籍諸州兵數爲小册，常置鞶囊中以自隨，今未敢以進。」上曰：「趣取之。」迪於鞶囊取以進，上指曰：「以某州某州兵若干戍秦州，卿即傳詔於樞密院發之。」既而，虜果大入寇，瑋迎擊，大破之，遂開山外之地。奏到，上喜謂迪曰：「山外之捷，卿之功也。」記聞

上將立章獻后，迪爲翰林學士，屢上疏諫，以章獻起於寒微，不可母天下。由是章獻深銜之。周懷政之誅，上怒甚，欲責及太子，群臣莫敢言。迪爲參政，俟上怒稍息，從容奏曰：「陛下有幾子，乃欲爲此計？」上大寤，由是獨誅懷政等，而東宮不動摇，迪之力也。

公在翰林，仍歲旱蝗，國用不給。一日歸沐，忽傳詔對内東門，上出三司所上歲出入財用數，問：「何以濟？」公曰：「祖宗初置内藏庫，欲復西北故土，及以支凶荒，今邊無他費，陛下用此以佐國用，賦斂寬，民不勞矣。」上曰：「今當出金帛數百萬借三司。」公曰：「天子於財無内外，願下詔賜三司，以顯示德澤，何必曰借？」上悦。並記聞

真宗不豫，大漸之夕，公與宰執以祈禳宿内殿，時仁宗幼沖，八大王元儼者，有威名，以問疾留禁中，累日不肯出。執政患之，無以爲計。偶翰林司以金盂貯熟水，曰：「王所須也。」文定取案上墨筆攪水中盡黑，令持去。王見之大驚，意其有毒也，即上馬去。聞見録

真宗既疾甚，李迪、丁謂同作相。内臣雷允恭者，嬖臣也，自劉后以下，皆畏事之。謂之進用，皆雷之力。嘗傳宣中書，欲以林特爲樞密副使，迪不可，曰：「除兩府須面奉聖旨。」翌日，爭之上前，聲色俱厲。謂辭屈，俛首鞠躬而已。謂既退，迪獨留，納劄子。上皆不能省記，而二相皆以郡罷。允恭傳宣謂家，以中書闕人，權留謂發遣。謂因直入中書，見同列，召堂吏諭之，索文書閱之。來日，與諸公同奏事，上亦無語。衆退，獨留。及出，道過學士院，問院吏：「今日學士誰直？」曰：「劉學士筠〔一〕。」謂呼筠出，口傳聖旨，令謂復相〔二〕，可草麻。筠曰：「命相必面得旨。果爾，今日必有宣召，麻乃可爲也。」謂無如之何。它日，再奏事，復少留，退過學士院，復問誰直，曰：「錢惟演。」謂復以聖旨語之，惟演即從命。既復相，乃逐李公及其黨，正人爲之一空。將草李公責詞，時宋宣獻知制誥當直，請其罪名，謂曰：「春秋無將，漢法不道，皆其事也。」宋不得已，從之。及謂貶朱崖，宋猶掌詞命，即爲之詞曰：「無將之戒，深著於魯經；不道之誅，難逃於漢法。」天下快之。龍川志

真宗不豫，寇準得罪，丁謂、李迪同爲相，以其事進呈，上命除準小處知州。謂退，署其紙尾曰：「奉聖旨除遠小處知州。」迪曰：「曏者聖旨無『遠』字。」謂曰：「與君面奉德音，君欲擅改聖旨，以庇準邪？」由是二人鬭鬩，更相論奏。上命翰林學士錢惟演草制，罷謂政事，惟演遂出迪而留謂。外人先聞其事，制出，無不愕然，上亦不復省也。

迪貶衡州團練副使。歲餘，除祕書監、知舒州。章獻上仙，迪時以尚書右丞知河陽〔三〕，召復爲相。迪自以受不世之遇，盡心輔佐，知無不爲。吕夷簡忌之，潛短之於上，歲餘罷相，出知某州。迪謂人曰：「迪不自量，恃聖主之知，自以爲宋璟，而以吕爲姚崇，而不知其待我乃如是也。」並記聞

## 校勘記

〔一〕劉學士筠 「筠」字原有框，元刊本同。

〔二〕令謂復相 「令」原作「今」，元刊本同，據五朝名臣言行録卷第五之二改。

〔三〕迪時以尚書右丞知河陽 「右」，宋史卷三一〇李迪傳及類苑卷一〇引均作「左」。

## 魯宗道 肅簡公

字貫之，亳州人。舉進士，官至參政，事真宗、仁宗。

仁宗在東宫，公爲諭德，其居有酒肆在側，號仁和，酒有名於京師，公往往易服微行，飲

于其中。一日，真宗急召公，將有所問。使者及門而公不在，移時乃自仁和肆中飲歸。中使遽先入白，乃與公約曰：「上若怪公來遲，當託何事以對？幸先見教，冀不異同。」公曰：「但以實告。」「然則當得罪。」公曰：「飲酒，人之常情；欺君，臣子之大罪也。」中使嗟歎而去。真宗果問，使者具如公對。真宗問：「何故私入酒家？」公謝曰：「臣家貧無器皿，酒肆百物具備，賓至如歸，適有鄉里親客自遠來，遂與之飲。然臣既易服，市人亦無識臣者。」真宗笑曰：「卿爲宮臣，恐爲御史所彈。」然自此奇公，以爲忠實可大用。晚年每爲章獻言群臣可大用者數人，公其一也。後章獻皆用之。歸田録

公爲正言，事有違誤，風聞彈疏，真宗稍厭之。公一日自訟於上前曰：「臣在諫列而諫，守臣職也。陛下以數而厭之，豈非事納諫之虚名，俾臣尸素苟禄乎？臣竊媿之，願得罷去。」上悦其忠，慰勉以遣。他日追念其言，御筆題殿壁曰「魯直」。掇遺

章獻太后臨朝，公屢有獻替。太后問：「唐武后何如主？」對曰：「唐之罪人也，幾危社稷。」太后默然。時有上言請立劉氏七廟者，太后以問輔臣，衆不敢對。公獨曰：「不可。」退謂同列曰：「若立劉氏七廟，如嗣君何？」帝、太后將同幸慈孝寺，欲以大安輦前帝行。公曰：「婦人有三從，在家從父，嫁從夫，夫殁從子。」太后乃命輦後乘輿行。執政多任子於館閣讀書，公曰：「館閣育天下英才，豈紈袴子弟得以恩澤處耶？吾子誠幼，已任京

官，然終不使恩國恩。」樞密使曹利用恃權驕横，公屢折之帝前。時貴戚用事者，莫不憚之，目爲「魚頭參政」，因其姓且言骨鯁如魚頭也。

## 薛奎　簡肅公

字宿藝，絳州人。中進士第，事仁宗，官至參政。

公舉進士時，摯謁馮魏公，首篇有「囊書空自負，早晚達明君」之句。馮掩卷而謂之曰：「不知秀才所負何事？」讀至第三篇春詩云：「千林如有喜，一氣自無私。」乃曰：「秀才所負者如此。」記事

公在開封，以嚴爲治，肅清京師。京師之民相戒曰：「是不可犯也。」及居蜀，則以惠愛稱。蜀人喜亂而易摇，公鎮以無事，破姦發伏，無一不中，蜀人愛且畏之，以比張詠而不苛。

契丹使蕭從順來朝，時莊憲明肅太后垂簾聽政。從順謂南使至契丹者皆見太后，遂亦請見。朝議患之，未有以決。公獨以理折之，從順乃至。

拜參政，入謝，上曰：「先帝嘗言卿可用，吾今用卿矣。」公益感激自勵。而素剛毅守節，不苟合，既與政，尤挺立，無所牽隨。然遂欲繩天下，無細大一入於規矩，往往不可其

意，則歸卧於家，歎息憂愧，輒不食。家人笑其何必若此，公曰：「吾慚不及古人，而懼後世譏我也。」並歐陽公撰墓誌

明肅太后欲以衮冕謁太廟，諫疏交上，宰臣執議，俱不之聽。公關右人，語氣明直，不文其談，獨於簾外口奏曰：「陛下大謁之日，還作漢兒拜耶？女兒拜耶？」明肅無答，是夕報罷。野録

公知開封，時參政明鎬爲府曹官，公待之甚厚，直以公輔期之。其後公守秦、益，嘗辟以自隨，優禮特異。有問公「何以知其必貴」，公曰：「其爲人端肅，其言簡而理盡。凡人簡重則尊嚴，此貴臣相也。」其後果至參政。歸田録

## 蔡齊　文忠公

字子思，其先洛陽人，徙萊州。舉進士第一，事仁宗官至參政。

祥符八年，真宗皇帝采賈誼「置器」之説，試禮部所奏士，讀至公賦，有安天下意，歎曰：「此宰相器也。」凡貢士當賜第者，考定，必召其高第數人並見，又參擇其材質可者，然後賜第一。及公召見，衣冠偉然，進對有法，天子以爲無能過者，亟以第一賜之。歐公撰行狀

真宗好文，雖以文辭取士，然必視其形神器識，或取其所試文辭有理趣者。徐奭鑄鼎象物賦云：「足惟下正，詎聞公餗之欹傾；鉉乃上居，實取王臣之威重。」蔡齊置器賦云：「安天下於覆盂，其功可大。」皆以爲第一。歸田録

公喜酒，既登第，通判濟州，日飲醇酎，往往至醉。是時太夫人年已高，頗憂之。一日，賈存道賈同字希德，門人私謚存道先生。過濟，公館之數日。存道愛公之賢，慮其以酒廢學生疾，乃爲詩示公曰：「聖君恩重龍頭選，慈母年高鶴髮垂。君寵母恩俱未報，酒如成病悔何追。」公矍然起謝之。自是非親客不對酒，終身未嘗至醉。燕談

通判濰州，民有告某氏刻僞税印爲姦利者〔二〕，已逾十年，蹤跡連蔓，至數百人。公歎曰：「盡利於民，民無所逃，是爲政者之過也。」爲緩其獄，得減死者十餘人，餘皆釋而不問。濰人皆曰：「公德於我，使我自新爲善人。」由是風化大行。

真宗新棄天下，天子諒陰。丁謂專權，欲邀致公，許以知制誥。公拒不往。已而寇萊公、王文康公皆以不附黜。公歸歎曰：「吾受先帝之知至此，豈宜爲權臣所脅？得罪，非吾懼也！」

契丹祭天於幽州，以兵屯界上。界上驚擾，議者欲發大軍以備邊。公獨料其必不動，後卒無事。公在大位，臨事不回，無所牽畏，而恭謹謙退，未嘗自伐，天下推之爲正人，縉紳

之士倚以爲朝廷重。

錢惟演作樞密直學士題名記，附離丁謂，輒去寇準姓氏，云：「逆準不書。」公言於仁宗曰：「寇準，社稷之臣，忠義聞天下，豈可爲姦黨所誣哉！」遂令磨去。並行狀

## 校勘記

〔一〕民有告某氏刻僞税印爲姦利者　「僞」原作「爲」，元刊本同。據五朝名臣言行録卷第五之五改。

# 宋名臣言行録前集卷第六

## 吕夷簡　許國文靖公

字坦夫，其先萊州人，徙壽州。進士及第，相仁宗。配享廟庭。朝廷推其河北自五代末即算田鏄。公嘆曰：「王道本於農，此何名哉！」因表除之。法它路，自是農器無征。李宗諤撰行狀

祥符末，王沂公知制誥，朝望日重。一日，至中書，見王文正公，問：「君識一吕夷簡否？」沂公曰：「不識也。」文正曰：「此人異日與舍人對秉鈞軸。」沂公曰：「公何以知之？」曰：「吾亦不識，但以其奏請得之。」沂公曰：「奏請何事？」曰：「如不税農器等數事。」卒與沂公並相。龍川志

玉清宫災，太后泣曰：「先帝尊道奉天，並建宫宇，今忽焦灼，何以稱遺意哉！」公知后

旨且復營建，因推洪範以明災異之所致，請罷不復建。行狀

公以主上方富春秋，宜導之典學〔二〕，擢孫奭等居講席，以經義輔導。後又增置崇政説書、天章閣侍講之職，以廣聞見。

李宸妃薨，章獻欲以宮人禮治喪於外。文靖奏宜從厚，章獻遽引帝起。頃之，獨坐簾下，召公問曰：「一宮人死，相公云云何與？」公曰：「臣待罪宰相，事無内外，無不當預。」章獻怒曰：「相公欲離間吾母子耶？」公從容對曰：「陛下不以劉氏爲念，臣不敢言。尚念劉氏也，喪禮宜從厚。」章獻悟，遽曰：「宮人李宸妃也，且奈何？」公乃請治喪皇儀殿，用一品禮殯洪福寺。公又謂入内都知羅崇勳曰：「宸妃當以后服殮，用水銀實棺，異時莫道夷簡不曾説來。」章獻皆從之。後章獻上仙，燕王謂仁宗言：「陛下，李宸妃所生，妃死以非命。」仁宗號慟頓毁，不視朝者累日，下哀痛之詔自責，尊宸妃爲皇太后，謚章懿。甫畢章獻殿殯，幸洪福寺祭告，易梓宮，帝親哭視之，后玉色如生，冠服如皇太后者，以有水銀故不壞也。帝嘆息曰：「人言其可信哉！」待劉氏加厚。聞見録

章獻既没，或疑章懿之喪。仁皇遣李用和發其葬，視之，容貌如生。使者馳入奏，仁皇於章獻神御前，焚香泣告曰：「自今大孃孃平生分明矣。」龍川志

公在章獻朝，近臣頗以言事去職，或勸公宜退。公曰：「先帝待我厚，期以宗廟安寧，

死不愧於先帝。故平、勃不去，所以安漢，仁傑不去，所以安唐。使吾亦潔虛名而去，治亂未可知也。」故孜孜爕輔，知無不爲，雖禍之未形，事之將然，必先爲之救禦。

太后嘗欲進荆王爲皇太叔，公力爭以爲不可，遂止。又以荆王子養於宮中，長而弗出。公因對言及，以爲不可。后曰：「欲令與皇帝同讀書耳。」公言：「皇帝春秋方盛，自當親接儒臣，日聞典訓，今與童稚處，無益，乞早令就邸。」他日又極言。后曰：「何至如此！」公曰：「前代母后多利於幼稚，嫌疑之際，不可不謹。臣今只在中書聽旨。」后寤，即令出宮。大内災，宮室略盡，比曉，朝者盡至，日晏，宮門不發，不得聞上起居。兩府請入對，不報。久之，追班，上御拱宸門樓，有司贊謁，百官盡拜樓下，公獨立不動。上使人問其意，對曰：「宮廷有變，群臣願一望天顔。」上爲舉簾俯檻見之，乃拜。並行狀

契丹借兵伐高麗，明肅欲與之。公堅執不可。后云：「適已微許其使矣，不與恐生怨，奈何？」公曰：「但以臣不肯拒之。」既而后語其使曰：「意非不欲應，但吕相公堅不可耳。」使人無語而去。元昊反，有詔削奪在身官爵，募能生擒元昊若斬首者，即爲節度使，仍賜錢萬貫。公時在大名府，聞之，驚曰：「謀之誤矣！」立削奏曰：「前代方鎮叛命，如此詰誓，則有之矣，非所以禦戎狄也。萬一反有不遜之言，得無損國體乎？」朝廷方改之，已聞有指斥之詞矣。家塾記

章獻崩，上始親政，公手疏爲治之本，以諷于上，其目有正朝綱、塞邪徑、禁貨賂、辨姦壬、絶女謁、遠近習、罷力役、節冗費，條奏甚詳。

天下學校久廢，公請詔州皆立學。國朝公族，分居邸第，無所統一，公請置大宗正，建睦親宫，置教授官，悉授諸衛官，以别庶姓。並行狀

寶元中，御史府久闕中丞。一日，李淑對，仁宗偶問以憲長久虚之故，李奏曰：「此乃吕夷簡欲用蘇紳，已許紳矣。」上疑之。異時，因問公曰：「何故久不除中丞？」公奏曰：「中丞者，風憲之長，自宰相而下，皆得彈擊。其選用，當出聖意，臣等豈敢銓量之？」仁宗頷之。筆録

初，元昊拒命，契丹重兵壓境上，以伺釁。議者請城洛陽，爲遷都之計。公獨謂：「虜畏壯侮怯，易以威制。洛邑山川狹隘，以壯則不足，以威則退縮。」遂請建都大名，示將親征，以伐虜謀。或曰：「此爲虚聲爾，不若增修東都城池，以沮契丹之志。」公曰：「此子囊城郢計也。使虜果南嚮，則雖城固無益。」卒申前議。既而契丹求和親，割關南之地。及劉六符等再至，桀驁，久留不能遣。公奏請於殿外幕次，與虜使相見，置酒面議以折之。上以爲然，虜使見公畏伏，語於館伴使曰：「觀宰相如此，雖留無益。」遂亟就道，前好如初。行狀

景祐中，公執政，范文正以天章閣待制知開封府，屢攻公之短，坐落職知饒州。康定元年，復舊職，知永興軍。會公自大名復入相，言於仁宗曰：「仲淹賢者，朝廷將用之，豈可但除舊職耶？」即除龍圖閣直學士、陝西經略安撫副使。上以公爲長者，天下亦以公不念舊惡。文正面謝曰：「曏以公事忤犯相公，不意相公乃爾獎拔。」公曰：「夷簡豈敢復以舊事爲念邪？」及文正知延州，移書諭趙元昊以利害，元昊復書，語極悖慢，文正具奏其狀，焚其書，不以聞。時宋庠爲參政。先是，公執政，諸公唯諾，書紙尾而已，不敢有所預，宋公多與之論辨，公不悦。一日，二人獨在中書，公從容言曰：「人臣無外交，希文乃擅與元昊書，得其書又焚不奏，它人敢爾耶？」宋公以爲公誠深罪范也。時朝廷命文正分析，文正奏：「臣始聞虜有悔過之意，故以書誘諭之。會任福敗，虜勢益振，故復書悖慢。臣以爲使朝廷見之而不能討，則辱在朝廷，乃對官屬焚之，使若朝廷初不知者，則辱專在臣矣。故不敢以聞也。」奏上，兩府共進呈，宋公遽曰：「仲淹可斬！」杜祁公時爲樞密副使，曰：「仲淹之志，出於忠果，欲爲朝廷招叛虜耳，何可深罪？」爭之甚力。宋公謂公必有言助己，而公默然，終無一語。上顧問公：「何如？」公曰：「杜衍之言是也，止可薄責而已。」乃降一官，知耀州。於是論者喧然，而宋公不知爲公所賣也，尋出知揚州。記聞

公惡韓、富、范三公〔二〕，欲廢之而不能。軍興，以韓、范爲西帥，遣富使北，名用仇而實

問之。又不克軍罷而請老，盡用三公及宋莒公、夏英公于二府，皆其仇也。又以其黨賈文元、陳恭公間焉。猶欲因以傾之，譬范、富皆王佐，可致太平，於是天子再賜手詔，又開天章閣，而命之坐，出紙筆使疏時政所當因革，諸公皆推范、富，請退而具草。使二宦者更往督之，且命領西北邊事。既而各條上十數事，而易監司、按群吏、罷磨勘、減任子，衆不利而謗興。又使范公日獻二事以困之，及請城京師，人始笑之。初，公每求去以候主意，常未厭而去，故能三入，及老，大事猶問〔三〕。西北相攻，請出大臣行三邊。於是范公使河東、陝西，富公使河北。談叢

仁宗以西戎方熾，歎人才之乏，凡有一介之善，必收録之。杜丞相衍經撫關中，薦長安布衣雷簡夫才器可任，遽命賜對於便殿。簡夫辯給，善敷奏，條列西事甚詳。仁宗嘉之，即降旨中書，令檢真宗召种放事〔四〕。公爲上言曰：「臣觀士大夫有口才者，未必有實効，今遽爵之以美官，異時用有不周，即難於進。莫若且除一官，徐觀其能，果可用，遷擢未晚。」上以爲然。遂除耀州幕官。簡夫後累官至員外郎、三司判官，而才實無大過人者。筆録

公在中書，奏令宋綬編次中書總例，謂人曰：「自吾有此例，使一庸夫執之，皆可以爲相矣。」記聞〔五〕

公感風眩，天子憂甚，手詔拜司空、平章軍國重事，三日一入中書。公表固辭。御府

出萬金藥，上剪髭賜公，手詔曰：「古人有言，髭可療疾，雖無痊驗，今朕剪髭合湯藥，表予意也。

公薨于鄭，訃聞，上震悼，對執政語及公輒涕下曰：「安得憂公忘身，理萬事，幹四鄙如呂夷簡者！」

上嘗大書「方正忠良」四字以賜，及書「懷忠之碑」以賜。並行狀

## 校勘記

〔一〕宜導之典學　「導」，原作「遵」，據五朝名臣言行録卷第六之一改。

〔二〕公惡韓富范三公　「公」，容齋隨筆卷八引此作「呂許公」。五朝名臣言行録卷第六之一引此作「某公」。朱熹以此條置呂夷簡卷内，當然亦知其所叙爲呂夷簡事。惟此文所叙不利於呂，姑隱其名，而呂氏子孫遂起而訟之矣。

〔三〕大事猶問　「大」，原作「人」，元刊本同，據五朝名臣言行録卷第六之一改。

〔四〕令檢真宗召种放事　「檢」，東軒筆録卷一〇作「依」。

〔五〕記聞　「聞」原作「録」，據五朝名臣言行録卷第六之一改。

# 陳堯佐　文惠公

字希元，閬州人。中進士第，相仁宗。

公爲人剛毅篤實，好古博學。嘗以言事貶通判潮州。其所言蓋大臣所難言者。歐陽公撰神道碑

通判潮州，有鱷魚食人，不可近，公命捕得，鳴鼓于市，以文告而戮之，鱷患屛息。知壽州，遭歲大飢，公自出米爲糜，以食餓者，吏民以公故，皆爭出米，其活數萬人。公曰：「吾豈以是爲私惠邪？蓋以令率人，不若身先而使其樂從也。」爲河東轉運使，以地寒而民貧，奏除石炭稅，減官冶鐵課歲數十萬以便民，曰：「轉運，征利之官也。利有本末，下有餘則上足，吾豈爲俗吏哉！」

河決壞滑州，公躬自暴露，晝夜督促，刱爲木龍，以巨木駢齒，浮水上下，殺其暴，堤乃成。又爲長堤，以護其外。滑人因號其堤爲陳公堤。神道碑

知開封府，公以謂治煩之術，任威以擊强，盡察以防姦，譬於激水而欲其澄也。故公爲政，一以誠信。每歲正月夜放燈，則悉籍惡少年禁錮之，公召諭曰：「尹以惡人待汝，汝忍

爲惡耶？」因盡縱之，凡五夜，無一人犯法者。

故事：知制誥者，先試其文辭。天子以公文學，天下所知，不復命試。自國朝以來，不試知制誥者，唯楊億及公二人而已。

公居官不妄進取，爲太常丞者十三年不遷，爲起居郎者七年不遷。自議錢塘堤，爲丁謂所絀。後丁益用事，專威福。故人子弟，以公久于外，多勉以進取。公曰：「唯久然後見吾守。」如是十五年。今天子即位，謂欺，公乃見召用。神道碑

公初作相，以唐劉蕡所對策進曰：「天下治亂，自朝廷始，朝廷賞罰，自近始。凡蕡之所究言者，皆當今之弊，臣所欲言，而陛下之所宜行也。」天子嘉納之。並歐公撰神道碑

呂申公累乞致仕，仁宗問之曰：「卿果退，當何人可代？」申公曰：「陛下欲用英俊經綸之才，臣所不知。必欲圖任老成，鎮撫百度，周知天下之良苦，無如陳堯佐者。」上深然之，遂大拜。野録

公父秦國公省華三子：長曰堯叟，爲樞密使、同中書門下平章事；季曰堯咨，爲武信軍節度使。皆舉進士第一及第。三子已貴，秦公尚無恙，每賓客至其家，公及伯、季，侍立左右，坐客蹴踖不安，求去，秦公笑曰：「此兒子輩爾！」故天下皆以秦公教子爲法，而以陳氏爲榮。神道碑

堯咨精於弧矢，常自號小由基。爲知制誥，出守荆南迴，其母馮氏問之曰：「汝典名藩，有何異政？」堯咨曰：「州當孔道，過客以堯咨善射，無不歎服。」母曰：「汝父訓汝以忠孝輔國家，今不務仁政善化，而專卒伍一夫之伎，豈汝先人之意耶？」以杖擊之，金魚墜地。名臣傳

## 晏殊　元獻公

字同叔，撫州人。以神童召試，相仁宗。

公父本撫州手力節級。公幼能文，楊大年，以聞，時年十三。真宗面試詩賦，疑其宿構，明日再試，文采愈美，上大奇之，即除祕書省正字，令於龍圖閣讀書。温公日録

公爲童子時，張文節薦之於朝，召至闕下，適值御試進士，便令公就試。公一見試題曰：「臣十日前已作此賦，有賦草尚在，乞别命題。」上極愛其不隱。及爲館職，時天下無事，許臣寮擇勝燕飲。當時侍從、文館、士大夫，各爲宴集，以至市樓酒肆，往往皆供帳爲遊息之地。公是時貧甚，不能出，獨家居與昆弟講習。一日選東宫官，忽自中批除晏殊，執政莫諭所因。次日進覆，上諭曰：「近聞館閣臣寮，無不嬉遊宴賞，彌日繼夕。惟殊杜門，與兄弟讀書，如此謹厚，正可爲東宫官。」公既受命，得對，上面諭除授之意，公語言質野，對

曰：「臣非不樂宴遊者，直以貧，無可爲之具。臣若有錢，亦須往，但無錢不能出耳。」上益嘉其誠實，知事君體，眷注日深。仁宗時，卒至大用。筆談

公留守南京，大興學校，以教諸生。自五代以來，天下學廢，興自公始。碑

章懿之崩，李淑護葬，晏殊撰志文，言：「生女一人，早卒，無子。」仁宗恨之。及親政，内出志文以示宰相曰：「先后誕育朕躬，殊爲臣子，安得不知？乃言生一公主，又不育，此何意也？」吕文靖曰：「殊固有罪，然宫省事祕，臣備位宰相，是時雖略知之，而不得其詳。殊之不審，理容有之。然方章獻臨御，若明言先后實生聖躬，事得安否？」上默然良久，命出殊守金陵。明日，以爲遠，改守南都。及殊作相，八大王疾革，上親往問疾。王曰：「叔久不見官家，不知今誰作相？」上曰：「晏殊。」王曰：「名在圖讖，胡爲用之？」上歸閲圖讖，得成敗之語，并記志文事，欲重黜之。宋祁爲學士，當草白麻，爭之，乃降二官知潁州。詞曰：「廣營産以殖資，多役兵而規利。」以它罪羅織之。殊免深譴，祁之力也。龍川志

自公復召用，而元昊反，師出陝西，天下弊於兵。公數建利害，請罷監軍，無以陣圖授諸將〔一〕，使得應敵爲攻守，及制財用爲出入之要，皆有法。天子悉爲施行。碑

遂欲因群材以更治，數詔大臣條天下事，方施行，而小人權倖皆不便。明年秋，會公以事罷，而仲淹等相次亦皆去，事遂已。神道碑

公未嘗爲子弟求恩澤。在陳州，上問宰相曰：「晏殊居外，未嘗有所請，其亦有所欲邪？」宰相以告公，公自爲表問起居而已。故薨，上尤哀之。碑

### 校勘記

〔一〕無以陣圖授諸將　「無」，居士集卷二二觀文殿大學士行兵部尚書西京留守贈司空兼侍中晏公神道碑銘作「兼」。

## 宋庠　鄭國元獻公

字公序，安州人。舉進士，開封、試禮部皆第一。相仁宗。

元昊反，劉平、石元孫皆以輕敵失軍〔一〕，時諸帥官重者，互領陝西四路，以故號令頗不一，又兵多分屯堡障。公言：「宜使大帥收重兵内地，它帥自當一道，緩急有警，則分兵四出以援之。」其議久不決，後卒如公計。

帝召二府天章閣觀書，出詔目問天下利病事〔二〕。宰相倉猝莫敢對。公時參政，獨進

曰：「臣等皆待罪二府，固已總萬事而共謀之，不當下同諸生對策，願至中書條上。」既退，草數千言奏之，後皆施用。

公間言：「祖宗收方鎮之權，嘗欲畿甸蓄禁兵四十萬。今所蓄不精，且多外補戍更，非彊本之勢。」並神道碑

公初名郊，字伯庠，與其弟祁自布衣時名動天下，號爲「二宋」。其爲知制誥，仁宗驟加獎眷，便欲大用。有忌其先進者，譖之，謂其「姓符國號，名應郊天」，又曰：「郊者交也，交者，替代之名也。『宋交』，其言不祥。」仁宗遽命改之，公怏怏不獲已，乃改名庠，字公序。公後更踐二府二十餘年，以司空致仕，兼享福壽而終，而譖者竟不見用以卒，可爲小人之戒也。歸田録

公嘗曰：「殘人矜才，逆詐恃明，吾終身不爲也。」退朝録

公以言者斥其非才，罷樞相守洛。有一舉人，行橐中有不税之物，爲僕夫所告，公曰：「舉人應舉，孰無所貨之物，未可深罪。若奴告主，此風不可長也。」寮屬曰：「犯人乃言官之子也。」意欲激其報之。公不答，但送税院倍其税，仍治其奴罪而遣之。麈史

公雍雍然有德之君子也，既參大政，朝廷無事，廟堂之上，日閱文史。後既登庸，天下承平日久，尤務清静，無所作爲。有爲者病之。嘗自謂「時賢多以不才誚我」，因爲自詠詩曰：「我本無心士，終非濟世才。虚舟人莫怒，疑虎石當開。蚊負愁山重，葵傾喜日來。欲

將嘲强解，真意轉悠哉。」仝

## 校勘記

〔一〕劉平、石元孫皆以輕敵失軍　「敵」字原無，元刊本同，據五朝名臣言行録卷第六之四改。

〔二〕出詔目問天下利病事　「目」，琬琰集上編卷七作「具」。

## 韓億　忠憲公

字宗魏，其先真定人，徙開封〔一〕。舉進士，事仁宗，官至參政，以太子太傅致仕。

公布衣時，與李康靖同遊，止一氈同寢。一日分途，遂割而分之。至汝州，太守趙學士請康靖爲門客，尤敬待公，每公至，即令設猪肉。康靖嘗有簡戲云：「久思肉味，請兄早訪。」及趙公有女，遂與公議親，既過省，趙公遣人送女來，至京城外旅店中，一夕病卒，公具素服往哭之。康靖爲長社，每日懸百錢于壁上，用盡即已，其貧儉如此。莊敏遺事

公與李參政若谷未第時，皆貧。同試京師，每出謁，更爲僕。李先登第，授許州長社

簿。赴官，自控妻驢，韓爲負一箱。將至長社三十里，李謂韓曰：「恐縣吏來，箱中止有錢六百。」以其半遺韓，相持大哭別去。次舉韓亦登第。後皆至參政，世爲婚姻不絶。聞見録

忠憲公爲河北轉運使，王太夫人坐太平車，以葦席爲棚覆，獻肅公乘驢隨車。時王文正已貴，忠憲公又作一路使者，其儉如此，今人聞之，誠可愧也。莊敏遺事

公奏置裏行四員，以廣言路。在樞府，請薦武臣以備任使，纂兵法以授諸將及廣南募土兵數事。景祐中，唃嘶囉與元昊交兵，使來獻捷，執政以夷狄相攻，中國之福，議加唃嘶囉節度使。億曰：「二族俱藩臣，當諭使解仇釋憾，以安遠人。且元昊嘗賜姓，今夷狄攻之，而反加恩賞，恐徒激其怒，以生邊患，無益也。」上是其議，乃厚賜其使而遣之。名臣傳

公知洋州，有大校李申以財豪於鄉里，誣其兄之子爲它姓，賂里嫗之貌類者，使認之爲己子，又醉其嫂而嫁之，盡奪其奩槖之畜。嫂姪訴于州及提轉，申賂獄吏〔二〕，嫂姪被笞掠，反自誣伏，受杖而去，積十餘年。洎公至，又出訴，公察其寃，因取前後案牘視之，皆未嘗引乳醫爲證。一日，盡召其黨立庭下，出乳醫示之，衆皆伏罪，子母復歸如初。筆録〔三〕

范文正知開封府，獻百官圖，指宰相差除不公，陰薦公可用。文正既貶，仁宗以諭公，公曰：「若仲淹舉臣以公，則臣之拙直，陛下所知；舉臣以私，則臣委質以來，未嘗交託於人。」遂除參政。

公在中書，見諸路職司捃拾官吏小過，輒不懌，曰：「今天下太平，主上之心，雖蟲魚草木，皆欲得所，況仕者大則望爲公卿，次亦望爲侍從、職司、二千石，其下亦望京朝、幕官，奈何錮之於聖世乎！」名臣傳

公教子，嚴肅不可犯。知亳州，第二子舍人自西京倅謁告省覲，康公與右相及姪柱史宗彦皆中甲科歸。公喜，置酒，召寮屬之親厚者，俾諸子坐於隅。坐中忽云：「二郎，吾聞西京有疑獄奏讞者，其詳云何？」舍人思之未得，已訶之。再問，未能對，遂推案索杖，大詬曰：「汝食朝廷厚禄，倅貳一府，事無巨細，皆當究心。大辟奏案，尚不能記，則細務不舉可知矣。吾在千里外，無所干與，猶能知之，爾叨冒廩禄，何顔報國！」必欲撻之。衆賓力解方已。諸子股栗，累日不能釋。家法之嚴如此，所以多賢子孫也。蘇氏談訓

## 校勘記

〔一〕徙開封　「徙」原作「從」，元刊本同，據五朝名臣言行録卷第六之五改。

〔二〕申賂獄吏　「申」，原作「甲」，據元刊本及同前書改。

〔三〕筆録　「筆」原作「辜」，元刊本同，據同前書改。

## 程琳 文簡公

字天球，中山人。舉服勤詞學科，相仁宗。

公嘗館契丹使。使者言：「中國使至契丹，坐殿上，位次高；而契丹使來，坐次下，當陞。」語甚切。上與大臣皆以爲小故，不足爭，將許之。公以謂許其小必啓其大，不可，遂止。公知開封，會禁中大火，延兩宫。宦者治獄，得縫人火斗，已誣伏而下府，命公具獄。公立辨其非。禁中不得入，乃命工圖火所經，而後宫人多而居隘，其烓竈近版壁，歲久燥而焚，曰：「此豈一日火哉！」乃建言：「此殆天災也，不宜以罪人。」上爲緩其獄，卒無死者。並歐公撰墓誌

章獻垂箔，有方仲弓者，上書乞依武氏故事，立劉氏廟。章獻覽其疏，曰：「吾不作此負祖宗事。」裂而擲之於地。仁宗在側，曰：「此亦出於忠孝，宜有以旌之。」乃以爲開封府司録。及章獻崩，黜爲汀州司馬。程琳亦嘗有此請，而人莫之知也。仁宗一日在邇英謂講官曰：「程琳心行不中，在章獻朝嘗請立劉氏廟，且獻七廟圖。」時王洙侍讀聞之。然上性寬厚，琳竟至宰相，蓋無宿怒也。龍川志

# 宋名臣言行録前集卷第七

## 杜衍　祁國正獻公

字世昌，越州人。擢進士甲科，相仁宗。以太子少師致仕。

公幼時，祖父脱帽，使公執之，會山水暴至，家人散走，其姑投一竿與之，使挾以泛。公一手執帽〔一〕，漂流久之，救得免，而帽竟不濡。

公聽獄訟，雖明敏而審覈愈精，故屢決疑獄，人以爲神。其簿書出納，推析毫髪，終日無倦色。至爲條目，必使吏不得爲奸而已。及其施於民者，則簡而易行。知乾州未滿歲，安撫使察其治行，以公權知鳳翔府。二邦之民，爭於界上，一曰：「此我公也。汝奪之。」一曰：「今我公也，汝何有焉！」

夏人叛命，陝西困於科斂，吏緣侵漁，調發督迫，民至破産不能足，往往自經、投水以死。公在永興，語其人曰：「吾不能免汝，然可使汝不勞爾。」乃爲之區處計較，量物有無貴賤，道里遠近〔二〕，寬其期會，使以次輸送，由是物不踴貴，車牛芻秣，宿食來往如平時，而吏束手無所施，民比他州費省十六七。

吏部審官，主天下吏員，而居職者類以不久遷去，故吏得爲奸。公始視銓事，一日，選者三人爭某闕，公以問吏，吏受丙賕，對曰：「當與甲。」乙不能爭，遂授他闕。居數日，吏教丙訟甲負某事，不當得。公悟，召乙問之，乙謝曰：「業已得他闕，不願爭。」公不得已，與丙，而笑曰：「此非吏罪，乃吾未知銓法爾。」因命諸曹，各具格式科條以白，問曰：「盡乎？」曰：「盡矣。」明日，敕諸吏無得升堂，使坐聽行文書而已。由是吏不得與銓事，與奪一出於公。其在審官，有以賂求官者，吏謝不受，曰：「我公有賢名，不久見用去矣，姑少待之。」

慶曆初，上厭西兵之久出而民弊，亟用富、韓、范，而三人者遂欲盡革衆事，以修紀綱，而小人權倖皆不悦，獨公與相佐佑。而公尤抑絶僥倖，凡内降與恩澤者，一切不與，每積至十數，則連封而面還之。或詰責其人，至慚恨涕泣而去。上嘗謂歐陽脩曰：「外人知杜衍封還内降邪？吾居禁中，有求恩澤者，每以杜衍不可告之而止者，多於所封還也，其助我多矣。此外人及杜衍皆不知也。」然公與三人者，卒皆以此罷去。

公多知本朝故實，善決大事。初，邊將議欲大舉以擊夏人，雖韓公亦以爲可舉，公爭以爲不可，大臣至有欲以沮軍罪公者，然兵後果不得出。契丹與夏人爭銀瓮族，大戰黄河外，而雁門、麟府皆警。范文正公安撫河東，欲以兵從，公以爲契丹必不來，兵不可妄出。范公怒，至以語侵公，公不爲恨。後契丹卒不來。並歐公撰墓誌

公爲相，蔡君謨、孫之翰爲諫官，屢乞出。於是蔡除福州，之翰安州。公云：「諫官無故出，終非美事，乞且仍舊。」上可之。退書聖語，時陳恭公爲執政，不肯書，曰：「吾初不聞。」公懼，遂焚之。由此遂罷相。議者謂公當俟明日審奏，不當遽焚其書也。公言：「始在西府，上每訪以中書事，及爲相，中書事亦不以訪。」公因言君臣之間能全始終者，蓋難也。志林

公嘗謂門生曰：「凡士君子作事行己，當履中道，不宜矯飾。矯飾過實，則近乎僞。」又曰：「今之在上者，多擿發下位小節，是誠不恕也。衍知兖州時，州縣官有累重而素貧者，以公租所得均給之，公租不給，即繼以公帑，量其小大，咸使自足。尚有復侵擾者，真貪吏也，於義可責。」又曰：「衍歷知州、提轉、安撫，未嘗壞一箇官員。其間不職者，即委以事，使之不暇惰；不慎者〔三〕，諭以禍福，俾之自新。從而遷善者甚衆，不必繩以法也。其有文學、政事、殊行、絶德者，雖不識面，未嘗不力薦於朝。有一善可稱、一長可録者，亦未

嘗不隨所能而薦之。」

有門生爲縣令，公戒之曰：「子之才器，一縣令不足施。然切當韜晦，無露圭角。毁方瓦合，求合於中可也，不然，無益於事，徒取禍爾。」門生曰：「公平生以直亮忠信，取重天下，今反誨某以此，何也？」公曰：「衍歷任多，歷年久，上爲帝王所知，次爲朝野所信，故得以申其志。今子爲縣令，卷舒休戚，係之長吏。夫良二千石者，固不易得，若不奉知，子烏得以申其志？徒取禍爾！予所以欲子毁方瓦合，求合於中也。」

嘗謂門生曰：「作官第一清畏，無求人知，苟欲人知，同列不慎者衆〔四〕，必譖己，爲上者又不加明察，適足取禍爾。但優游於其間，默而行之，無愧於心可也。」

公一日憂見于色，門生曰：「公今日何以不悦？」公曰：「適覩朝報行某事，行某事非便，所以憂爾。」又一日，喜見于色，門生未及問，公曰：「今日見朝報，某人進用，某人進用，社稷之福也。」公又曰：「孔子稱不在其位，不謀其政。第衍荷國恩之深，退居以來，家事百不關心，獨未能忘國爾。」

公食于家，惟一麵一飯而已。或美其儉，公曰：「衍本一措大爾，名位服用，皆國家者。俸入之餘，以給親族之貧者，常恐浮食，焉敢以自奉也？一旦名位爵禄，國家奪之，却爲一措大，又將何以自奉養耶？」又嘗戒門生曰：「天下惟浙人褊急易動，柔懦少立。衍自在幕府，至於監司，人尚不信，及爲三司副使，累於上前執奏不移，人始信之，反曰：『杜衍如是，莫非兩浙生否？』其輕吾黨也如此。觀子識慮高遠，志尚端慤，他日植立，當爲鄉曲之顯，切勿少枉，爲時所上下也。」

門生嘗從容問公曰：「公在相位，未期年而出，使蒼生不盡被公之澤，天下甚鬱望。」公曰：「衍以非才，久妨賢路，遽得解去，深遂乃心。然獨有一恨爾。」門人曰：「公之恨何也？」公曰：「衍平生聞某人之賢可某任，某人之才可某用，未能悉薦而去，此所以爲恨也。」並語録

韓公言：「公公心而樂與人善，既知其人，無復毫髮疑間。始，琦爲樞密副使，論難一二事，公不樂。久之相亮，每事問曰：『諫議看來未？諫議曾看，便將來押字。』琦益爲之盡心，不敢忽。以此見公存心至公，不必以出於己爲是，賢於人遠矣。」别録

公享客多用髹器，客有面稱嘆曰：「公嘗爲宰相，清貧乃爾耶！」公命侍人盡取白金燕器陳於前，曰：「衍非乏此，雅自不好耳。」然公性好施，亦卒不畜也。張唐公侍讀瓌嘗曰：「公之好施，人所能及也，其不妄施，人之所不能及也。」家塾記

公退寓南都，不殖資産，第宅庳陋，居之裕如也。烏帽、皂綈絁、革帶。親故或言宜爲居士服，公曰：「老而謝事，尚可竊高士名耶！」

### 校勘記

〔一〕公一手執帽　涑水記聞卷一〇作「公一手挾竿，一手執帽」。

〔二〕道里遠近　「里」原作「理」，元刊本同。據五朝名臣言行録卷第七之一改。

〔三〕不慎者　「慎」，五朝名臣言行録卷第七之一作「謹」。又底本及元刊本此字均加框。

〔四〕同列不慎者衆　「慎」，同前書作「謹」。又底本及元刊本此字均加框。

## 范仲淹　文正公

字希文，蘇州人。中進士第，事仁宗至參政。

公二歲而孤，母夫人貧無依，再適長山朱氏。既長，知其世家，感泣去，之南都，入學舍，掃一室，晝夜講誦。其起居飲食，人所不堪，而公自刻益苦。居五年，大通六經之旨，爲文章論説，必本於仁義。歐公撰神道碑

公處南都學舍，晝夜苦學，五年未嘗解衣就寢。夜或昏怠，輒以水沃面。往往饘粥不充，日昃始食。同舍生或饋珍膳，皆拒不受。遺事

公以進士解褐爲廣德軍司理，日抱具獄，與太守爭是非，守盛怒臨之，公不爲屈，歸必記其往復辨論之語于屏上。比去，至字無所容。貧止一馬，鬻馬徒步而歸。汪藻撰祠堂記

晏殊留守南京，范公遭母憂，晏公請掌府學，范公常宿學中，訓督學者，夜課諸生讀書，寢食皆立時刻，往往潛至齋舍詗之，見有先寢者，詰之，其人紿云：「適疲倦，暫就枕耳。」問：「未寢之時，觀何書？」其人亦妄對。則取書問之，其人不能對，乃罰之。出題使諸生作賦，必先自爲之，欲知其難易，及所當用意，亦使學者準以爲法。由是從學者輻湊〔一〕。

公服中上宰相書〔二〕，言朝政得失及民間利病，凡萬餘言，王曾見而偉之。時晏殊亦在京師，薦一人爲館職，曾謂殊曰：「公知范仲淹，捨不薦，而薦斯人乎？已爲公置不行，宜更薦仲淹也。」殊從之，遂除館職。頃之，冬至立仗，禮官定議，欲媚章獻太后，請天子帥百官獻壽於庭，范公奏不可，晏殊大懼，召公責怒之，以爲狂。公正色抗言曰：「仲淹受明公誤知，常懼不稱，爲知己羞。不意今日更以正論獲罪於門下也。」殊慚無以應。並記聞

是歲大旱蝗，詔公奉使安撫江淮〔三〕。還，以太平州貧民所食烏昧草進呈，乞宣示六宮戚里，用抑奢侈。燕談

公知開封府，爲百官圖以獻，曰：「任人各以其材而百職脩，堯、舜之治，不過如此。」因指其遷進遲速次序曰：「如此而可以爲公，可以爲私，亦不可以不察。」由是呂丞相怒，至交

論上前。公求對，辨語切，坐落職知饒州。碑○又貶饒州，謝表云：「此而爲郡，陳優優布政之方；必也立朝，增蹇蹇匪躬之節。」天下歎公至誠許國，始終不渝，不以進退易其守也。燕談

公爲將務持重，不急近功小利。於延州築清澗城，墾營田，復承平、永平廢寨，熟羌歸業者數萬户，於慶州城大順以據要害，奪賊地而耕之。又城細腰、胡盧，於是明珠、滅臧等大族，皆去賊爲中國用。公之所在，賊不敢犯。其城大順也，一旦引兵出，諸將不知所向，軍至柔遠，始號令告其地處，使往築城，至於版築之用，大小畢具，而軍中初不知。賊以三萬騎來爭，公戒諸將：「戰而賊走，追勿過河。」已而賊果走，追者不渡，而河外果有伏。賊既失計，乃引去。於是諸將皆服公爲不可及。所得賜賚，皆以上意分賜諸將，使自爲謝。諸蕃質子，縱其出入，無一人逃者。蕃酋來見，召之卧内，屏人徹衛，與語不疑。居邊三歲，士勇邊實，恩信大洽，乃決策謀取横山，復靈武，而元昊數遣使稱臣請和，上亦召公歸矣。

公領延安，閲兵選將，日夕訓練，又請戒諸路，養兵畜鋭，毋得輕動。夏人聞之，相戒曰：「無以延州爲意，今『小范老子』腹中自有數萬兵甲，不比『大范老子』可欺也。」戎人呼知州爲「老子」，大范謂雍也。名臣傳

公帥邠、延、涇、慶四郡，威德著聞，夷夏聳服，熟户蕃部〔四〕，率稱曰「龍圖老子」，至元

昊亦以此呼之。燕談

仁宗時，西戎方熾，韓公爲經略招討副使，欲五路進兵，以襲平夏。時公守慶州〔五〕，堅持不可。是時尹洙爲經略判官，一日，將命至慶州，約公以進兵。公曰：「我師新敗，士卒氣沮，但當自謹守，以觀其變。豈可輕兵深入耶？以今觀之，但見敗形，未見勝勢也。」洙歎曰：「公於此乃不及韓公也。韓公嘗云：『大凡用兵，當先置勝敗於度外。』今公乃區區過慎〔六〕，此所以不及韓公也。」公曰：「大軍一動，萬命所懸，而乃置於度外，仲淹不見其可。」洙議不合，遽還。魏公遂舉兵入界，次好水川。元昊設覆，全師陷没，大將任福死之。魏公遽還，至半途，而亡者父兄妻子數千人號於馬首，皆持故衣紙錢招魂而哭聲震天地，魏公不勝悲憤，掩泣駐馬，不能前者數刻。公聞而歎曰：「當是時，難置勝敗於度外也。」筆録

公與韓琦協謀，必欲收復靈、夏、横山之地。邊上謡曰：「軍中有一韓，西賊聞之心骨寒。軍中有一范，西賊聞之驚破膽。」元昊大懼，遂稱臣。名臣傳

初，西人籍爲鄉兵者數萬，既而黥以爲軍，唯公所部，但刺其手，公去兵罷，獨得復爲民。其於兩路，既得熟羌爲用，使以守邊，因徙屯兵，就食内地，而紓西人饋輓之勞。其所設施，去而人德之，與守其法不敢變者，至今尤多。

自公坐吕公貶，群士大夫各持二公曲直，吕公患之，凡直公者，指爲黨，或坐竄逐。及

呂公復相，公亦再起被用，於是二公驩然相約，勠力平賊，天下之士，皆以此多二公，然朋黨之論遂起而不止。上既賢公可大用，故卒置群議而用之。

公爲參政，每進見，上必以太平責之。公歎曰：「上之用我者至矣，然事有先後，而革弊於久安，非朝夕可也。」既而上再賜手詔，趣使條天下事，又開天章閣，召見賜坐，授以紙筆。公惶恐避席，退而條列時所宜先者十數事上之。其詔天下興學，取士先德行不專文辭，革磨勘例遷以別能否，減任子之數而除濫官，用農桑考課守宰等事方施行，而磨勘、任子之法，僥倖之人皆不便，因相與騰口，而嫉公者亦幸外有言，喜之爲佐佑。會邊奏有警，公即請行，乃以公爲河東、陝西宣撫使。至則上書，願復守邊，即拜資政殿學士，知邠州，兼陝西四路安撫使。其知政事，纔一歲而罷，有司悉奏罷公前所施行而復其故，言者遂以危事中之，賴上察其忠，不聽。碑

慶曆四年四月戊戌，上與執政論及朋黨事，公對曰：「方以類聚，物以群分，自古以來，邪正在朝，未嘗不各爲一黨，不可禁也，在聖鑑辨之耳。誠使君子相朋爲善，其於國家何害？」記聞

慶曆中，劫盜張海橫行數路，將過高郵。知軍晁仲約度不能禦，喻軍中富民出金帛，具牛酒，使人迎勞，且厚遺之。海悅，徑去不爲暴。事聞，朝廷大怒。公在政府，富公在樞府，

富公議欲誅仲約以正法，公欲宥之，爭於上前。仲約由是免死。既而富公愠曰：「方今患法不舉，方欲舉法，而多方沮之，何以整衆？」公密告之曰：「祖宗以來，未嘗輕殺臣下，此盛德事，奈何欲輕壞之？且吾與公在此，同僚之間，同心者有幾？雖上意亦未知所定也，而輕導人主以誅戮臣下，它日手滑，雖吾輩亦未敢自保也。」富公終不以爲然。及二公迹不安，公出按陝西，富公出按河北，公因自乞守邊。富公自河北還，及國門，不得入，未測朝廷意。比夜徬徨，遶床歎曰：「范六丈，聖人也！」龍川志

公爲參政，與韓、富二樞並命，鋭意天下之事。患諸路監司不才，更用杜杞、張昷之輩。公取班簿，視不才監司，每見一人姓名，一筆勾之，以次更易。富公素以丈事公，謂公曰：「六丈則是一筆〔七〕，焉知一家哭矣！」公曰：「一家哭何如一路哭耶！」遂悉罷之。遺事

歐、余、王、蔡爲諫官，時謂之四諫。四人力引石介，執政欲從之。時范公爲參政，獨曰：「介剛正天下所聞，然性亦好異，使爲諫官，必以難行之事，責人君以必行。少拂其意，則引裾折檻，叩頭流血，無所不爲。主上富春秋，無失德，朝廷政事亦自脩舉，安用如此諫官也。」諸公伏其言而罷。筆録

慶曆中，議弛茶鹽之禁及減商税。正以爲不可，「茶鹽、商税之入，但分減商賈之利耳，行於商賈，未甚有害也。今國用未減，歲入不可闕，既不取之於山澤及商賈，須取之於農，

與其害農，孰若取之於商賈？今爲計莫若先省國用，國用有餘，當先寬賦役，然後及商賈，弛禁非所當先也。」其議遂寢。

皇祐二年，吴中大飢，殍殣枕路。是時公領浙西，發粟及募民存餉，爲術甚備。吴人喜競渡，好爲佛事，公乃縱民競渡，太守日出宴于湖上，自春至夏，居民空巷出遊。又召諸佛寺主首，諭之曰：「飢歲工價至賤，可以大興土木之役。」於是諸寺工作鼎興。又新敖倉吏舍，日役千夫。監司奏劾杭州不恤荒政，嬉遊不節，及公私興造，傷耗民力。公乃自條叙所以宴遊及興造，皆欲以發有餘之財，以惠貧者，貿易飲食、工技服力之人，仰食於公私者，日無慮數萬人。荒政之施，莫此爲大。是歲，兩浙惟杭州晏然，民不流徙，皆公之惠也。並筆談

公嘗與吕申公論人物，申公曰：「吾見人多矣，無有節行者。」希文曰：「天下固有人，但相公不知爾。以此意待天下士，宜乎節行者之不至也。」別録

公曰：「吾遇夜就寢，即自計一日食飲奉養之費，及所爲之事。果自奉之費與所爲之事相稱，則鼾鼻熟寐。或不然，則終夕不能安眠，明日必求所以稱之者。」聞見後録

公之子純仁娶婦將歸，或傳婦以羅爲帷幔者。公聞之不悦，曰：「羅綺豈帷幔之物耶？吾家素清儉，安得亂吾家法！敢持至吾家，當火於庭！」

公戒諸子曰：「吾貧時與汝母養吾親，汝母躬執爨，而吾親甘旨未嘗充也。今而得厚

禄，欲以養親，親不在矣，汝母又已早世。吾所最恨者，忍令若曹饗富貴之樂也。」

公在杭州，子弟以公有退志，乘閒請治第洛陽，樹園圃以爲逸老之地。公曰：「人苟有道義之樂，形骸可外，況居室哉！吾今年踰六十，生且無幾，乃謀樹第治圃，顧何待而居乎？吾之所患，在位高而艱退，不患退而無居也。且西都士大夫，園林相望，爲主人者，莫得常遊，而誰獨障吾遊者？豈必有諸己而後爲樂耶？

公語諸子弟曰：「吾吳中宗族甚衆，於吾固有親疏。然吾祖宗視之，則均是子孫，吾安得不恤其飢寒哉！且自祖宗來，積德百餘年，而始發於吾，若獨饗富貴而不恤宗族，異日何以見祖宗於地下？今亦何顔以入家廟乎！」並遺事

公輕財好施，尤厚於族人。既貴，於姑蘇近郭買良田數千畝，爲義莊以養群從之貧者，擇族人長而賢者一人，主其出納，人日食米一升，歲衣縑一匹，嫁娶喪葬，皆有贍給。聚族人僅百口。燕談

公自政府出，歸姑蘇焚黄，搜外庫惟有絹三千匹。令掌吏録親戚及閭里知舊，散之皆盡，曰：「宗族鄉黨，見我生長、幼學、壯仕，爲我助喜，我何以報之哉！」卮史

公以朱氏長育有恩，常思厚報之。及貴，用南郊所加恩乞贈朱氏。父太常博士暨諸子，皆公爲葬之，歲别爲饗祭。朱氏它子弟以公廕得補官者三人。

公在睢陽，遣堯夫到姑蘇般麥五百斛。堯夫時尚少，既還，舟次丹陽，見石曼卿，問：「寄此久何如？」曼卿曰：「兩月矣。三喪在淺土，欲葬之而北歸，無可與謀者。」堯夫以所載麥舟付之，單騎自長蘆捷徑而去。到家，拜起侍立良久，公曰：「東吳見故舊乎？」曰：「曼卿爲三喪未舉，方留滯丹陽，時無郭元振，莫可告者。」文正曰：「何不以麥舟與之？」堯夫曰：「已付之矣。」冷齋夜話

晏殊判南京，公以大理寺丞丁憂，權掌西監。一日，晏曰：「吾有女及笄，仗君爲我擇婿。」公曰：「監中有二舉子富臯、張爲善，皆有文行，它日皆至卿輔，並可婿也。」晏曰：「然則孰優？」范曰：「富脩謹，張疏俊。」晏曰：「唯。」即取富臯爲婿。後改名，即弼也。爲善後亦更名方平云。筆録

公與南都朱某相善，朱且病，公視之，白公曰：「某常遇異人，得變水銀爲白金術，吾子幼，不足傳，今以傳君。」遂以其方并藥贈公，公不納，强之，乃受。未嘗啓封，後其子寀長，公教之，義均子弟，及寀登第，乃以所封藥并其術還之。遺事

公少有大節，其於富貴貧賤、毁譽歡戚，不一動其心，而慨然有志於天下。常自誦曰：「士當先天下之憂而憂，後天下之樂而樂也。」碑

## 校勘記

〔一〕由是從學者輻湊　「從」原作「後」，元刊本同，據五朝名臣言行録卷第七之三改。

〔二〕公服中上宰相書　涑水記聞卷一〇此條與上「晏丞相殊留守南京」條爲一條，且句作「服除，至京師，上宰相書」。

〔三〕是歲大旱蝗詔公奉使安撫江淮　「安撫」前九字類苑卷一六引作「明道中天下旱蝗，范文正公」。

〔四〕熟户蕃部　「熟」，澠水燕談録卷二作「屬」。

〔五〕時公守慶州　「慶」，原作「延」，元刊本同，據五朝名臣言行録卷第七之二改。

〔六〕今公乃區區過慎　「慎」，元刊本同，同前書作「謹」，又底本、元刊本此字皆加框。

〔七〕六丈則是一筆　「六」，同前書作「十二」。

## 种世衡

字仲平，工部侍郎放之兄子。以蔭補官。位至東染院使。

知武功縣，用刑嚴峻，杖人不使執拘之，使自凭欄立磚上受杖，杖垂畢，足或落塼，則更從一數之。人亦服其威信。或有追呼，不使人執帖入鄉村，但以片紙牓縣門，云：「追某人，期某日詣縣廷。」其親識見之，驚懼走告之，皆如期而至。

知澠池縣，縣旁山上有廟，世衡葺之，其梁重大，衆不能舉，世衡乃令縣幹剪髮如手搏者，驅數對於馬前，云「欲詣廟中教手搏」，傾城人隨往觀之。既至而不教，謂觀者曰：「汝曹先爲我致廟梁，然後觀手搏。」衆欣然趨下山共舉之，須臾而上。其權數皆此類。

初，康定元年春，夏戎犯延安，君時爲大理丞，任鄜州從事，建言：「延安東北二百里有故寬州，請因其廢壘而興之，以當寇衝，左可致河東之粟，右可固延安之勢，北可圖銀、夏之舊，有是三利。」朝廷從之，以君董役事。君膽勇過人，雖逼戎落，曾不畏憚。與兵民暴露數月，且戰且城。然處險無泉，議不可守。鑿地百有五十尺，始至于石，工徒拱手曰：「是不可井矣。」君曰：「過石而下，將無泉耶？爾其屑而出之，凡一畚償爾百金。」工復致其力，過石數重，泉果沛發，飲甘而不耗，萬人歡呼，曰：「神乎！雖虜兵重圍，吾無困渴之患矣！」既而朝廷署故寬州爲青澗城。范公撰墓誌

初至青澗城，教吏民習射，雖僧道婦人亦習之，以銀爲射的，中者與之。既而中者益多，其銀重輕如故，而的漸厚且小矣。或爭徭役優重，亦使之射，射中者得優處。有過失，亦使之射，射中則釋之。由是人人皆能射。

胡酋蘇慕恩部落最強，世衡皆撫而用之。嘗夜與慕恩飲，出侍姬以佐酒。既而世衡起入内，潛於壁隙窺之。慕恩竊與侍姬戲，世衡遽出掩之，慕恩慚懼請罪，世衡笑曰：「君欲之邪？」即以遺之。由是得其死力，諸部有貳者，使慕恩討之，無不克。並記聞

青澗東北，一舍而遠，距無定河，河之北有虜寨，虜常濟河爲患，君屢使屬羌擊之，往必破走，前後取首級數百，牛羊萬計，未嘗勞士卒也，故功多而費寡。建營田二千頃，歲取其利，募商賈使通其貨，或先貸之本，速其流轉，歲時間，其息十倍。乃建白：「城中芻糧、錢幣，暨軍須城守之具，皆不煩外計，一請自給。」墓誌〔一〕

在青澗，爲屬吏所訟不法事，按驗皆有狀。鄜延路經略使龐公奏：「世衡披荆棘，立青澗城，若一一拘以文法，則邊將無所措手足。」詔勿問。及徙知環州，將行，別龐公，拜且泣曰：「世衡心腸鐵石也，今日爲公下淚矣。」

慶曆三年春〔二〕，范文正巡邊，至爲環慶經略使，知環州，以屬羌多懷貳心〔三〕，密與元昊通，以种世衡素得屬羌心，而青澗城已完〔四〕，乃奏徙世衡知環州以鎮撫之。有牛奴訛，素屈強，未嘗出見州官，聞世衡至，乃來郊迎。世衡與約，明日當至其帳，慰勞部落。是夕，雪深三尺，左右曰：「奴訛凶詐難信，且道險，不可行。」世衡曰：「吾方以信結諸胡，可失期耶？」遂冒雪而往。既至，奴訛大驚，曰：「吾世居此山，漢官無敢至者，公了不疑我耶？」

帥部落羅拜，皆感激心服。並記聞

涇原葛懷敏定川之敗，戎馬入縱于渭。予仲淹領慶州蕃漢兵往扼邠城，又召君分援涇原，即時而赴，羌兵從者數千人。屬羌爲吾用自此始。君曰：「羌兵既可用。」乃復教土人習弧矢，以佐官軍。由是緣邊諸城，獨環不求增兵，不煩益糧，而武力自振。夏戎聞屬羌不可誘，土人皆善射，烽火相望，無日不備，乃不復以環爲意。墓誌

始，元昊寇邊，王師屢撓，虜之氣焰益張，常有并吞關中之意。其將剛浪唛號野利王，某號天都王，元昊倚以爲腹心，凡勝我軍，皆二將之策也。公方城青澗，謀有以去之。有王嵩者，本青澗僧，將軍察其堅朴，誘令冠帶，因出師以賊級予之，白於帥府，表授三班借職，充經略司指使，且力爲辦其家事，凡居室、騎從、衣食之具，悉出將軍。嵩感恩既深，將軍反不禮，以奴畜之，或掠治械繫數日，嵩雖不勝其苦，卒無一辭望將軍。將軍知可任以事，居半年，召嵩謂之曰：「吾將以事使汝，吾戒汝所不言，其苦雖有甚於此者，汝能爲吾卒不言否？」嵩泣對曰：「蒙將軍恩教，致身榮顯，常誓以死報，而未知其所，況敢辭捶楚乎！」將軍乃草遺野利書，書辭大抵如世間問起居之儀，惟以數句隱辭，如嘗有私約，而勸其速行之意。書於尺素，且膏以蠟，置衲衣間密縫之，告嵩：「非瀕死不得泄，如泄之，當以負恩不能成吾事爲言。」并以畫龜一幅，棗一節爲信，俾遺野利。嵩受教至野利所居，致將軍命，出棗

龜投之。野利知見侮，笑曰：「吾素奇种將軍，今何兒女子見識？」度嵩别有書，索之。嵩佯目左右，既而答以無有。野利不敢匿，乃封其信上元昊。數日，元昊召野利與嵩俱，西北行數百里，至一大城，曰興州。先詣一官寺，曰樞密院，次曰中書，有數胡人雜坐，野利與焉。召嵩廷詰將軍書問所在。嵩堅執前對，稍稍去巾櫛，加執縛，至於捶楚極苦，嵩終不易其言。又數日，召入一官寺，廳事廣楹，皆垂班竹箔，緑衣小豎立其左右。嵩意元昊宫室也。少頃，箔中有人出，又以前問責之，曰：「若速言！死矣。」嵩對如前，乃命曳出誅之。嵩大號，且言曰：「始，將軍遣嵩密遺野利王書，戒不得妄泄。今不幸空死，不了將軍事，吾負將軍，吾負將軍！」箔中急使人追問之，嵩具以對。乃褫衲衣，取書以進。書入移刻，始命嵩就館，優待以禮。元昊於是疑野利，陰遣愛將假爲野利使，使于將軍。將軍知元昊所遣，未即見，命屬官日館勞之。問虜中山川地形，在興州左右言則詳，迫野利所部多不能悉。適擒生虜數人，因令隙中視之，生虜能言其姓名，果元昊使。將軍意決，乃見之。使者傳野利語，將軍慢罵元昊，而稱野利有心内附，乃厚遺使者曰：「爲吾語若王，速決無遲留也。」度使者至，嵩即還，而野利已報死矣。將軍知謀已行，因欲并間天都，又爲置祭境上，作文書於版以弔，多述野利與天都相結，有意本朝，悼其垂成而失。其文雜紙幣，伺有虜至，急爇之以歸。版字不可遽滅，虜人得之，以獻元昊。天都以此亦得罪。元昊既失二將，久之，始悟爲將軍所賣，遂定講和之策焉。呂與叔文集。

寶元中，党項犯邊，有明珠族首領驍悍，最爲邊患。种世衡爲將，欲以計擒之。聞其好擊鼓，乃造一馬持戰鼓，以銀裹之，極華煥，密使諜者陽賣之入明珠族。後乃擇驍卒數百人，戒之曰：「凡見負銀鼓自隨者，併力擒之。」一日，羌酋負鼓而出，遂爲世衡所擒。筆談

## 校勘記

〔一〕墓誌　原誤作「募録」，據五朝名臣言行録卷第七之三改。

〔二〕慶曆三年春　「三」，涑水記聞卷九作「二」，鄧廣銘校記以爲當作「二」。

〔三〕知環州以屬羌多懷貳心　同前書無「知」、「以」二字。

〔四〕而青澗城已完　「完」下同前書有「固」字。

# 宋名臣言行録前集卷第八

## 龐籍　潁國莊敏公

字醇之，單州人。中進士第，相仁宗，以太子太保致仕。

明道中，爲殿中侍御史。章獻崩，章惠欲踵之臨朝，公奏燔閤門所掌垂簾儀制以沮其謀。仁宗始專萬機，左右欲以奇巧自媚，後苑珠玉之工頗盛公上言，願以儉約爲師。上納其言。中丞孔公道輔嘗謂人曰：「今之御史，多承望要人風指，獨龐公，天子御史耳。」温公撰墓誌

元昊既效順，而不肯臣，請稱「東朝皇帝」爲父，國號「吾祖」，年用私號，求割三州十六縣地，朝議彌年不決。既而報書，年用甲子，國號易其一字。虜使過延，公坐堂上，召虜使立前而謂曰：「爾主欲戰則戰，今不戰而降，則朝廷所賜藩臣詔與頒朔封國，皆有常制，不

必論。自古夷狄盗中國之地則聞之，未聞割地與夷狄也。三州十六縣，豈可得耶！」使曰：「清遠故屬虜，且墳墓所在，故欲得耳。」公曰：「中國所失州縣，今未十年，若論墳墓所在，則中國多矣。」使語塞。談叢

公在延州，軍行出塞，使因糧於敵，馬芻皆自刈之，還畀其直，民無飛輓之勞。及去，民遮道而泣曰：「公用兵數年，未嘗以一事煩民，雖以一子爲香焚之，猶不足報也。」誌

文公爲相，公爲樞密使，以近世養兵之弊，在於多而不精，故國用竭，因大加簡閲，揀放爲民者六萬餘人，減其衣糧之半者二萬餘人。衆議紛然，以爲不可。施昌言、李昭亮尤甚，皆言衣食於官久，不願爲農，又皆習弓弩，一旦散之，必爲盗賊。上亦疑之，二公曰：「今公私困竭，上下皇皇，正由畜養冗兵太多故也。今不省去，無由蘇息。萬一果有聚爲盗賊者，二臣請以死當之。」上意乃決，邊儲由是稍蘇。東軒筆録

公自鄆徙并，過京師謁上。是時上新用文、富爲相，自以爲得人，謂公曰：「朕新用二相，如何？」公曰：「二臣甚副天下之望。」上曰：「誠如卿言。文彦博猶多私，至於富弼，萬口同詞，皆云賢相也。」公曰：「文彦博，臣頃與之同在中書，詳知其所爲，實無所私，但惡之者毁之耳。況前者被謗而出，今當愈畏慎矣〔一〕。富弼頃爲樞密副使，未執大政，朝士大夫未有與之爲怨者，故交口譽之，冀其進用，而已有所利焉。若富弼以陛下之爵禄樹私恩，則

且非忠臣，何足賢也。若一以公議概之，則向之譽者將轉而爲謗矣。此陛下所宜深察也。且陛下既知二臣之賢而用之，則當信之堅，任之久，然後可以責成功。若以一人之言進之，未幾又以一人之言疑之，臣恐太平未易致也。」上曰：「卿言是也。」記聞

至和三年，以災異詔中外咸言得失。公密疏曰：「太子，天下本。今陛下春秋固方盛，然太子不豫建，使四方無所係心。願擇宗室之宜爲嗣者，蚤決之。羣情既安，則災異可塞矣。臣歷位將相，恐先犬馬無以報，雖冒萬死而不悔也。」王禹玉撰神道碑

知定州，請老，召還京師，公陳請不已。或謂公：「今精力克壯，年少所不及，主上注意方厚，何遽引去若此之堅？」公曰：「必待筋力不支，明主厭棄，然後乃去，是不得已，豈止足之謂耶！」凡上表者九，手疏二十餘通，朝廷不能奪。五年，聽以太子太保致仕。誌

公常曰：「凡爲大臣，尤宜祇畏繩墨，豈得自恃貴重，亂天子法耶？」誌

## 校勘記

〔一〕今當愈畏愼矣　「愼」，元刊本同，且均加框，五朝名臣言行録卷第八之一作「敬」。

## 狄青　武襄公

字漢臣，汾州人。少從軍。事仁宗，位至樞密使。

公自散直爲延州指使，與西賊戰，每帶銅面具，被髮出入行陣間，凡八中箭。累功至招討副使，而上未識其面，遂令圖形以進。記事

青在涇原，嘗以寡當衆，度必以奇勝，預戒軍中，盡捨弓弩，皆執短兵。密令軍中聞鉦一聲則止，再聲則嚴陣而陽却，鉦聲止則大呼而突之。士卒皆如其教。纔遇敵，未接戰，遽聲鉦，士卒皆止；再聲，皆却。虜人大笑，相謂曰：「孰謂狄天使勇？」時虜人謂青爲「天使」。鉦聲止，忽前突之，虜兵大亂，相蹂踐死者，不可勝計。筆談

戍涇原日，嘗與虜戰，大勝，追奔數里，虜忽壅遏山嵎〔一〕，知其前必遇險，士卒皆欲奮擊，青遽鳴鉦止之，虜得引去。驗其處，果臨深澗，將佐悔不擊。青獨曰：「不然。奔亡之虜，忽止而拒我，安知非謀？軍已大勝，殘寇不足利，得之無所加重，萬一落其術中，存亡不可知。寧悔不擊，不可悔不止。」並筆談

廣源州蠻儂智高以其衆叛，乘南方無備，連破邕、賓等七州，至廣州，所至殺吏民，縱

掠。東南大駭，朝廷遣驍將張忠、蔣偕馳驛討之，甫至，則皆爲智高所摧陷。又遣楊畋、孫沔、余靖招撫，皆久之無功。仁宗憂之，遂遣樞密副使狄青爲宣撫使，率衆擊之。翰林學士曾公亮問所以爲方略者，青初不肯言，公亮固問之，青廼曰：「比者軍制不立，又自定川之敗〔二〕，賞罰不明，今當立軍制、明賞罰而已。然恐賊見青來，以謂所遣者官重，勢必不得見之。」公亮又問：「賊之標牌殆不可當，如何？」青曰：「此易耳。標牌，步兵也，當騎兵則不能施矣。」初，張忠、蔣偕之往，率皆自京師，六七日馳至廣州，未嘗拊士卒、立行伍，一旦見賊，則疾驅使戰，又偕等所居不知爲營衛，故士卒皆望風退走。而忠臨陣，偕方卧帳中，悉爲賊所虜。楊畋、余靖又所爲紛亂，不能自振。而孫沔大受請託，所與行者廼朱從道、鄭紓、歐陽乾曜之徒，皆險薄無賴，欲有所避免，邀求沔引之自從，遠近莫不嗟異。既至潭州，沔遂稱疾，觀望不敢進。青之受命，有因貴近求從青行者，青延見，謂之曰：「君欲從青行，此青之所求也，何必因人之言乎？然智高小寇，至遣青行，可以知事急矣。從青之士，能擊賊有功，朝廷有厚賞，青不敢不爲之請也。若往而不能擊賊，則軍中法重，青不敢私也。君其思之，願行則即奏取君矣，非獨君也，君之親戚交遊之士，幸皆以此言告之。苟欲行者，皆青之所求也。」於是聞者大駭，無復敢言求從青行者。其所辟取，皆青之素所知以爲可用者，人望固已歸矣。及行，率衆日不過一驛，所至州輒休士一日。至潭州，遂立行伍，明約束，軍行止皆成行列。至於荷鍤贏糧，持守禦之備，皆有區處。軍人有奪逆旅菜一把者，斬之以徇，於是一軍肅然，無敢出聲氣，萬餘人行，未嘗聞聲。青每止郵驛，四面嚴兵，每門皆諸司使二人，無一人得妄出入。求見青者，無不即時得通。其野宿皆成營柵，青所居四面陳兵，彀弓弩，皆數重，所將精鋭，列布左右，守衛甚嚴。方青之未至，諸將屢敗屢走，皆以爲常。至是，知桂州陳某、知英州蘇緘與賊戰，復敗走如常，時青至賓州，悉召陳與裨校凡三十二人，數其罪，按軍法斬之。唯蘇緘在某所，使械繫上聞，於是軍中人人奮勵，有死戰之心。時智高還守邕州，青懼崑崙關險阨爲所據，乃下令賓州具五日糧，休士卒。賊諜知，不爲備。是夜大風雨，青率衆半夜時度崑崙關，既度，喜曰：「賊不知守此，無能爲也。彼謂夜半風雨，吾不敢來，吾來所以出其不意也。」已近邕州，賊方覺，逆戰於歸仁鋪，青登高望之，賊據坡上，我軍薄之，裨將孫節中流矢死，青急麾軍進，人人皆殊死戰。先是，青已縱蕃落馬二千出賊後，至是前後合擊，賊之標牌軍爲馬軍所衝突，皆不能駐，軍士又縱馬上鐵連枷擊之，遂皆披靡，相枕籍死。賊遂大敗，智高果焚城遁去。青先與公亮言「立軍制，明賞罰」，「賊不可得見」，「標牌不能當騎兵」，皆如其所料。青坐堂户之上，論數千里之外，辭約而慮明，雖古之名將，何以加此？豈特一時之武人崛起者乎！方慶曆中，葛懷敏與元昊戰於定川，懷敏敗死，而諸校與士卒既敗，多竄山谷間。是時，以權宜招納，皆許不死，自此

軍多棄其將，不肯死戰。故青云「自定川之敗，賞罰不明」。翰林學士蔡襄亦言聞於青者如此。南豐雜識

初，青自請擊智高，諫官韓絳上言：「青武人，不足專任，固請以侍從文臣爲之副。」上以問執政，時龐籍獨爲相，對曰：「屬者王師所以屢敗，皆由大將自輕，偏裨人人自用，遇賊或進或退，力不能制也〔三〕。今青起於行伍，若以侍從之臣副之，彼視青如無，青之號令復不得行，是循覆車之軌也。青昔在鄜延，居臣麾下，沉勇有智略，若專以智高事委之，使青先以威齊衆，然後用之，必能辦賊。幸陛下勿以爲憂也。」上曰：「善。」於是詔嶺南用兵皆受青節度。時余靖軍于賓州，聞智高將至，棄其城，遣廣南西路鈐轄陳某將萬人擊智高〔四〕，戰敗，遁歸。青至賓州，余、陳皆來迎謁。青悉集將佐於幕府，立陳某於庭下，數其敗軍之罪，并軍校數十人皆斬之。諸將股栗，莫敢仰視。靖起拜曰：「某之失律，亦靖節制之罪。」青曰：「舍人文臣，軍旅之責，非所任也。」於是勒兵而進。智高大敗。捷書至，上喜，謂龐籍曰：「嶺南非卿執議之堅，不能平，今日皆卿功也。」青還，上欲以爲樞密使、同平章事，籍曰：「昔曹彬平江南，太祖謂之曰：『朕欲以卿爲使相，然今外敵尚多〔五〕，卿爲使相，安肯復爲朕盡死力耶？』賜錢二十萬緡而已。今青雖有功，未若彬之大，若賞以此官，則富貴極矣，異日復有寇盗，青更立功，將以何官賞之？且青起軍中，致位二府，衆論紛然，

爲國朝未有此比〔六〕。今幸而立功，論者方息，若又賞之太過，是復使青得罪於衆人也。臣所言非徒便於國體，亦爲青謀也。昔衛青已爲大將軍，封侯立功，漢武帝更封其子爲侯。陛下若謂賞功未盡，宜更官其諸子。」爭之累日，上乃許之，加青護國軍節度使，仍遷諸子官。既而議者多謂青賞薄，石全彬復爲青訟功於中書，竟以青爲樞密使。記聞

青宣撫廣西，時智高守崑崙關。青至賓州，值上元節，令大張燈燭，首夜宴將佐，次夜宴從軍官，三夜饗軍校。首夜樂飲徹曉。次夜二鼓時，青忽稱疾，暫起如內，久之，使人諭孫元規，令暫主席行酒，少服藥乃出，數使人勸勞座客。至曉，客未敢退。忽有馳報者云，是夜三鼓，青已奪崑崙矣。筆談

青之征智高也，自過桂林，即以辨色時先鋒行，先鋒既行，青乃出帳，受衙罷，命諸將坐，飲酒一巵，小餐，然後中軍行，率以爲常。及頓軍崑崙關下，翊日，將度關，晨起，諸將詣帳立甚久，而青尚未坐。殆至日高，親吏疑之，遽入帳周視，則不知青所在。諸將方相顧驚愕，俄有軍候至曰：「宣徽青爲宣徽南院使傳語諸官，請過關喫食。」方知青已微服同先鋒度關矣。筆録○二書不同，未知孰是。

公入邕州，獲金貝巨萬，畜數千，悉分戲下。賊所俘脅，皆慰遣之。斂積尸爲京觀于城北。尸有衣金龍之衣者，又得金龍楯於其傍，或言智高已死亂兵中，當亟奏。公曰：「安知

其非詐？寧失智高，敢欺朝廷耶！」王禹玉撰神道碑

智高兵敗奔邕州，其下皆欲窮其窟穴，青亦不從，以謂趨利乘勢，入不測之城，非大將事。智高因而獲免。天下皆罪青不入邕州，脱智高於垂死。然青之用兵，主勝而已，不求奇功，故未嘗大敗，計功最多，卒爲名將。譬如奕棋，已勝敵，可止矣，然猶攻擊不已，往往大敗。此青之所戒也。臨利而能戒，乃青之過人處。筆談

公爲樞密使。時予范鎮爲諫官，人有相語童謡云〔七〕：「漢似胡兒胡似漢，改頭换面總一般，只在汾河川子畔。」以爲青汾河人，面有刺字，不肯滅去，又姓狄，爲漢人。此歌爲是人作也，爲不疑矣。欲予言之。予應之曰：「此唐太宗殺李君羨事，上安忍爲！適以啓君臣疑心耳。」東齋記事

公器度深遠。韓范之爲西帥也，皆隸其節下，咸奇之曰：「此國器也。」范嘗以左氏春秋授之曰：「熟此可以斷大事。將不知古今，疋夫之勇，不足爲也。」公於是晚節益喜書史。

余襄公撰墓誌

公事親孝，遭父喪，雖衽金革之事，而哀戚過人。養母尤篤，征南之日，懼遺其憂，戒内外不以治兵事聞，第云奉使江表而已。始行至邕，會瘴霧之氣，昏鬱中人。或謂賊流毒水中，飲者多死，忽一夕泉湧于郊，汲之甘洌，遂濟其衆。碑

孫公裁處。談者嘉其謙挹。墓誌

青作真定副帥，嘗宴魏公，惟劉易先生與焉。易性素疏訐，時優人以儒爲戲，易勃然謂：「黥卒敢如此！」詬詈公不絶口，至擲樽俎以起。公氣殊自若，不少動，笑語益温。次日，公首造劉易謝，魏公於是時已知其有量。別録

陜西豪士劉易多遊邊，喜談兵。寶元、康定間，韓公宣撫五路，薦之，賜處士號。易善作詩，魏公爲書石。或不可其意，則發怒洗去。魏公欣然再書不憚。公每燕設，易喜食苦馬菜，不得之，即叫怒無禮。邊城無之，公爲求於内郡。後每燕集，終日唯以此菜啗之，易不能堪，方設常饌。時稱公善制易也。

公爲韓范所知，後位樞密。或告以當推狄梁公爲遠祖，公愧謝曰：「青出田家，少爲兵，安敢祖狄梁公哉！」筆談云：狄青爲樞密使，有狄梁公之後持梁公畫像及告身十餘通，詣青獻之，以謂青之遠祖。謝之曰：「一時遭際，安敢自附梁公？」厚贈而還之。比之郭崇韜哭子儀墓，青所得多矣。或勸去鬢間字，則曰：「青雖貴，不忘本也。」或云：仁宗喻青使去其涅，青指其面云：「臣所以至此者，以是爾。願留以視軍中，不敢奉詔。」每至韓公家，必拜于廟廷之下，入拜夫人甚恭，以郎君之禮待其子弟。其異於人如此。聞見録

京師火禁甚嚴，將夜分，即滅燭，故士庶家凡有醮祭者，必先關厢吏，以其焚楮幣在中

夕之後故也。至和、嘉祐間，公爲樞密使。一夕夜醮，而句當人偶失告報，中夕驟有火光，探吏馳白厢主，又報開封知府，到宅則火滅久矣。翊日，都下盛傳狄相公家有光怪燭天者。時劉敞爲知制誥，聞之，語權知開封王素曰：「昔朱全忠居午溝，夜，光怪出屋，鄰里謂失火往救，則無之。今日之異，得無類此乎？」此語喧於縉紳間，狄不自安，遽乞陳州，遂薨於鎮。而夜醮之事，竟無人爲辨之者。筆録

## 校勘記

〔一〕虜忽壅遏山嵎　「嵎」，五朝名臣言行録卷第八之二作「踊」。

〔二〕又自定川之敗　「定」，元刊本及同前書作「廣」。本條下數處同。按曾鞏南豐雜識原作「廣」，然長編等史籍多作「定」。

〔三〕力不能制也　「制」下涑水記聞卷一三有「故」字。

〔四〕遣廣南西路鈐轄陳某將萬人擊智高　「某」，同前書作「曙」，下同。此應爲避英宗諱。

〔五〕然今外敵尚多　「外」字原缺，據同前書補。

〔六〕爲國朝未有此比　「爲」，同前書作「謂」。

〔七〕人有相語童謠云　東齋記事卷三句作「人有相侵夜吟」。

## 吴育　正肅公

字春卿，建州人。中進士甲科，舉賢良方正，事仁宗，位至參政。

公爲政簡嚴，其治開封，尤先豪猾，曰：「吾何有以及斯人，去其爲害者而已！」歐公撰墓誌

寶元初，元昊慢書始聞，張鄧公爲相，即議絶和問罪。時西邊弛備已久，人不知兵〔一〕，識者以爲憂。公時爲諫官，上言：「夷狄不識禮義〔二〕，宜勿與較，許其所求，彼將無詞舉動，然後陰敕邊臣，密脩戰備，使年歲之間，戰守之計立，則元昊雖欲妄作，不能爲深害矣。」奏入，鄧公笑曰：「人言吴舍人心風，果然。」既而和事一絶，元昊入寇，所至如入無人之境。後數年，力盡求和，歲增賂遺，仍改名「兀卒」，朝廷竟亦不問。世乃以公之言爲然。

公嘗與賈丞相爭事上前，殿中人皆恐色變，公論辨不已，既而曰：「臣所爭者，職也，顧力不能勝矣。願罷臣職，不敢爭。」上多公直，乃復以公爲樞密副使。居歲餘，大旱，賈丞相

罷去，御史中丞高若訥用洪範言「大臣廷爭爲不肅，故雨不時若」，因并罷公。

公在二府，太保公以列卿奉朝請。父子在廷，士大夫以爲榮，而公踧踖不安，自言：「子班父前，非所以示人以法，顧不敢以人子私亂朝廷之制，願得罷去。」不聽。並墓誌

公爲參政，山東盜起，仁宗遣中使察視，還奏：「盜不足慮。惟兗州杜衍、鄆州富弼得山東心，此爲可憂。」上欲徙二人淮南。公曰：「盜誠不足慮，而小人乘時以傾大臣，非國家福也。」上嘗語輔臣曰：「育剛正可用，但嫉惡太過耳。」

陳執中罷相，仁宗問：「誰可代卿者？」執中舉育，上即召赴闕。會乾元節侍宴，偶醉坐睡，忽驚顧拊床呼其從者。上愕然，即除西京留臺。以此觀之，執中雖俗吏，亦可賢也。育之不相，命矣夫！然晚節有心疾，亦難大用，仁宗非棄材之主也。東坡志林

## 校勘記

〔一〕人不知兵　「人」字原無，據龍川别志下補。

〔二〕夷狄不識禮義　「義」原作「議」，據五朝名臣言行録卷第八之三改。

## 王堯臣　文忠公

字伯庸，應天府人。舉進士第一，事仁宗，位至參政。

元昊反，時邊兵新敗於好水，任福等戰死，韓公坐主帥失律，范文正亦坐移書元昊，皆奪招討副使。公因言：「此兩人，天下之選。其忠義智勇，名動夷狄，不宜以小故置之。且任福由違節度以致敗，尤不可深責主將。」由是迕宰相意。明年，賊入涇原，戰定川，殺大將葛懷敏，乃公指言爲備處，由是始以公言爲可信，因復遣公安撫涇原路。公曰：「陛下復用韓、范，幸甚。然將不中御，兵法也，願以便宜從事。」上以爲然。歐公撰墓誌

自朝廷理元昊罪，軍興而用益廣，前爲三司者，皆加厚賦暴斂，甚者借内藏，率富人出錢，下至菜果皆加税，而用不足。公始受命，則曰：「今國與民皆弊矣，在陛下任臣者如何。」由是天子一聽公所爲。公乃推見財利出入盈縮，曰：「此本也，彼末也。」計其緩急先後，而去其蠹弊之有根穴者，斥其妄計小利之害大體者，然後一爲條目，使就法度。罷副使、判官不可用者十五人，更薦用才且賢者。期年，民不加賦而用足。明年，以其餘償内藏所借數百萬。又明年，其餘而積於有司者數千萬，而所在流庸，稍復其業。

初，宦者張永和方用事，請收民房錢十之三以佐國。事下三司，永和陰遣人以利動公，公執不可。度支副使林濰附永和，議不已，公奏罷濰，乃止。益、利、夔三路轉運使皆請增民鹽井課，歲可爲錢十餘萬，公亦以爲不可。而權倖因緣，多見裁抑。京師數爲飛語，及上之左右，往往譏其短者。上一切不問，而公爲之亦自若也。及公既罷，上慰勞之，公頓首謝曰：「非臣之能，惟陛下信用臣爾。」並誌

## 包拯　孝肅公

字希仁，廬州人。舉進士，事仁宗，位至樞密副使。

公知天長縣，有訴盜割牛舌者，公使歸屠其牛鬻之。既而有告私殺牛者，公曰：「何爲割某家牛舌，而又告之？」盜者驚伏。徙知端州，州歲貢硯，前守緣貢，率數十倍以遺權貴人。公命製者纔足貢數，歲滿，不持一硯歸。危史

公在言路，極言時事。復爲京尹，令行禁止。至今天下皆呼「包待制」，又曰「包家」。市井小民，及田野之人，凡徇私者，皆指笑之曰：「你一箇包家！」見貪污者曰：「你一箇司馬家！」天下稱司馬公曰「司馬家」。呂氏家塾記

公尹京，號爲明察。有編民犯法，當杖脊，吏受賕，與之約曰：「今見尹，必付我責狀，

汝第呼號自辨，我與汝分此罪，汝決杖，我亦決杖。」既而包引囚問畢，果付吏責狀，囚如吏言，分辯不已。吏大聲訶之曰：「但受脊杖出去，何用多言！」包謂其市權，捽吏於庭，杖之十七，特寛囚罪，止從杖坐，以沮吏勢。不知乃爲所賣，卒如素約。小人爲姦，固難防也。公天性峭嚴，未嘗有笑容，人謂「包希仁笑比黄河清」。筆談

公始及第，以親老侍養，不仕宦且十年，人稱其孝。知開封府，爲人剛嚴，不可干以私，京師爲之語曰：「關節不到，有閻羅、包老。」記聞

公知諫院，列上唐魏鄭公三疏，請置坐右，以爲龜鑑。爲中丞，奏曰：「東宫虚位日久，天下以爲憂，群臣數有言者，卒未聞有所處置，未審聖意持久不決何也？太子者，天下根本也。根本不立，禍孰大焉？」仁宗曰：「卿欲誰立？」公曰：「臣非才備位，所以乞豫建太子者，爲宗廟萬世計耳。陛下問臣欲誰立，是疑臣也。臣行年七十，且無子，非邀後福者。唯陛下裁察。」仁宗喜曰：「徐當議之。」

## 王德用　魯國武恭公

字元輔，鄭州人。以父超任補官。事仁宗，位至樞密使。

邢、洺盜出入二州間歷年，吏不能捕。公以氈車載勇士爲婦人服，盛飾誘之。賊黨爭

前邀劫，遂皆就擒，由是知名。

章獻臨朝，有詔補一軍吏。公曰：「補吏，軍政也。敢挾詔書以干吾軍！」亟請罷之。太后固欲與之，公不奉詔，乃止。及太后上仙，有司請衛士坐甲，公以爲故事無爲太后喪坐甲，又不奉詔。於是天子以公可任大事。並歐公撰神道碑

公狀貌魁偉而面色正黑，雖匹夫下卒，閭巷小兒，外至遠夷君長，皆知其名，識與不識，稱之曰黑王相公。北虜常呼其名以驚小兒，其爲戎狄畏服如此〔一〕。蘇紳、孔道輔等言其「宅枕乾岡，貌類藝祖」。公奏曰：「宅枕乾岡，朝廷所賜；貌類藝祖，父母所生」云。燕談

公在定州，契丹使人覘其軍，或勸公執而戮之。公曰：「吾軍整而和，使覘者得實以歸，是屈人兵以不戰也。」

自寶元、慶曆之間，元昊叛河西，兵久無功，士大夫爭進計策，多所改作。公笑曰：「奈何紛紛？兵法不如是也！使士知畏愛，而怯者勇，勇者不驕，以吾可勝，因敵而勝之爾，豈多言哉！」

皇祐六年，復爲樞密使。是歲契丹使者來，公與之射，使者曰：「天子以公典樞密，而用富公爲相，得人矣。」語聞，上喜，賜公御弓一，矢五十。公善射，至老不衰。常侍上射，辭曰：「幸得備位大臣，舉止爲天下所視，臣老矣，恐不能勝弓矢。」上再三諭之，乃手二矢，再

拜，一發中之，遂將釋復位，上固勉之，再發，又中。由是左右皆驩呼，賜以襲衣金帶。碑

公帥真定，上遣使問公邊事，公曰：「咸平、景德中，邊兵二十餘萬，皆屯定武，不能分扼要害之處，致虜兵軼境，遽有澶淵之師。又當時賜諸將陣圖，人皆死守戰法，緩急不相救，以至於敗。誠願不以陣圖賜諸將，使得應變出奇立功。」王禹玉撰墓誌

韓忠獻、宋景文同召試中選，公帶平章事，例當謝，二公有「空疏」之謙言。德用曰：「亦曾見程文，誠空疏，少年更宜廣問學。」二公大不堪。宋曰：「吾屬見一老衙官，是納侮也。」後二公俱成大名，公已薨。韓爲宋曰：「王公雖武人，尚有前輩激勵成就後學之意，不可忘也。」聞見後録〔二〕

## 校勘記

〔一〕其爲戎狄畏服如此　按：今本澠水燕談録卷二無以下一段文字。

〔二〕聞見後録　「後」字原無，據五朝名臣言行録卷第八之六補。

# 宋名臣言行録前集卷第九

## 田錫

字表聖，嘉州人。中進士第，事太宗、真宗，位至諫議大夫。

公自布衣，已有意於風化，上書闕下，請復鄉飲、籍田禮。及知睦州，下車建孔子祠，教民興學，表請入紙國子學，印經籍給諸生，詔賜之，還其紙。范文正公撰墓誌

太宗嘗與侍臣論皇王之道，田錫奏曰：「皇王之道，微妙曠闊。今師平太原，逮茲二載，未賞軍功，願因郊籍，議功酬之。乞罷交州戍兵，免驅生民爲瘴嶺之鬼。」上嘉納焉。趙普當國，錫謁之曰：「公以元勳當國，宜事損撿。今群臣書奏，先經中書，既非尊王之體；諫官章疏，令閤門填狀，尤弱臺憲之風。皆不便。」普引咎，正容孠謝，皆罷之。玉壺清話

田錫好直諫，太宗或時不能堪。錫從容奏曰：「陛下日往月來，養成聖性。」上説，益重

之。聖政録

太宗時錫上言軍國要機者一，朝廷大體者四。上嘗言錫有文行，敢言。真宗即位，屢召對言事，嘗請抄略御覽三百六十卷，又采經史要言，爲御屏風十卷，以便觀覽。及卒，真宗謂劉沆曰：「田錫，直臣也。何天奪之速！朝廷每有小缺失，方在思慮，錫之章奏已至矣。」蒙求

真宗見田錫色必莊，嘗目之曰：「朕之汲黯也。」名臣傳

田錫疾亟，進遺表。真宗宣御醫馳救之，無及矣。俄召宰相對，袖出其表示之，且曰：「朕自臨大寶，閱是表者多矣，非祈澤宗族，則希恩子孫，未有如錫生死以國家爲慮，而儆于朕者。」興歎久之，命優贈典。掇遺〔一〕

上嘗幸龍圖閣閱書，指東北隅架一漆函上親署鐍者，謂學士陳堯咨曰：「此田錫章疏也。」愴然久之。掇遺

蘇軾序公奏議曰：「自太平興國以來，至于咸平，可謂天下大治。而田公之言，常若有不測之憂，近在朝夕者，何哉？古之君子，必憂治世而危明主。明主有絶人之資，而治世無可畏之防。夫有絶人之資，必輕其臣，無可畏之防，必易其民，此君子之所甚懼也。方漢文時，刑措不用，兵革不試，而賈誼之言曰：『天下有可長太息者，有可流涕者，有可痛哭者。』

後世不以是少漢文，亦不以是甚賈誼。由此觀之，君子之遇治世而事明主，法當如是也。」

## 校勘記

〔一〕摭遺　「摭」原作「拾」，據五朝名臣言行録卷第九之一改。

# 王禹偁

字元之，濟州人。擢進士第，事太宗、真宗，官至知制誥。

年七八已能文，畢文簡爲郡從事，始知之。問其家，以磨麵爲生，因令作磨詩。元之不思以對：「但存心裏正，無愁眼下遲。若人輕著力，便是轉身時。」文簡大奇之，留於子弟中講學。一日，太守席上出詩句：「鸚鵡能言爭似鳳。」坐客皆未有對。文簡寫之屏間，元之書其下：「蜘蛛雖巧不如蠶。」文簡歎息曰：「經綸之才也。」遂加以衣冠，呼爲「小友」。至文簡入相，元之已掌書命矣。聞見後録〔一〕

王禹偁能屬文，太宗方獎拔文士，聞其名，召拜右拾遺、直史館，賜緋。故事：賜緋者給銀帶。上特命以文犀帶賜之。公獻端拱箴以爲誡。尋知制誥。上嘗稱之曰：「禹偁文章，當今天下獨步。」真宗即位，召爲翰林學士，脩太宗實録。執政疑禹偁輕重其間，落職出知黄州。州境有二虎鬭，食其一，冬雷，群鷄夜鳴。禹偁上疏引洪範陳戒，且自劾。上乃命移知蘄州。尋召還朝，禹偁已卒。記聞

爲諫官，上禦戎十策，大旨以謂：外任人，内脩德，則可以弭之。外則合兵勢以重將權，罷小臣詗邏邊事，行間諜以離其心，遣保忠、御卿率所部以張掎角，下詔感勵邊人，取燕薊舊疆，蓋弔晉遺民，非貪其土地。内則省官以寬經費，抑文士以激武夫，信用大臣以資其謀，不貴虚名以戒無益，禁游惰以厚民力。端拱冬旱，禹偁上疏請節用、省役、薄賦、緩刑。

真宗即位，詔群臣論事，公上疏陳五事。一曰謹邊防，通盟好。二曰減冗兵，併冗吏。三曰難選舉。四曰澄汰僧尼。五曰親大臣，遠小人。記聞

公在翰林，真宗初即位，暇日召與論文。公奏曰：「夫進賢黜不肖，闢諫諍之路，彰爲誥命，施之四海，延利萬世，王者之文也。至於彫纖之言，豈足以軫慮，較輕重於瑣瑣之儒哉！願棄其小，務其大，誠宗社之福。」上顧曰：「卿，愛朕之深者。」掇遺

出知黄州，作三黜賦以見志。卒章曰：「屈于身而不屈于道兮，雖百謫其何虧？吾當

守正直而佩仁義兮，惟終身而行之。」嘗云：「吾若生元和時，從事於李絳、崔群間，斯無愧矣。」

公卒，諫議大夫戚綸誄曰：「事上不回邪，居下不諂佞，見善若已有，嫉惡過仇讎。」世以爲知言。記聞

蘇東坡贊公畫像曰：「傳曰：『不有君子，其能國乎？』余嘗三復斯言，未嘗不流涕太息也。如漢汲黯、蕭望之、李固，張昭，唐魏鄭公、狄仁傑，皆以身徇義，招之不來，麾之不去，正色而立于朝，則豺狼狐狸，自相吞噬，故能消禍於未形，救危於將亡。使皆如公孫丞相、張禹、胡廣，雖累千百，緩急豈可望哉！故翰林王公元之，以雄文直道，獨立當世，足以追配此六君子者。方是時，朝廷清明，無大姦慝。然公猶不容於中，耿然如秋霜夏日，不可狎玩，至於三黜以死。有如不幸而居於衆邪之間，安危之際，則公之所爲，必將驚世絶俗，使斗筲穿窬之流，心破膽裂，豈特如此而已乎！余見公之畫像，想其遺風餘烈，願爲執鞭而不可得。乃追爲之贊云：惟昔聖賢，患莫己知。公遇太宗，允也其時。帝欲用公，公不少貶。三黜窮山，雖死靡憾。咸平以來，獨爲名臣。一時之屈，萬世之信。紛紛鄙夫，亦拜公像。何以占之，有泚其顙。公能泚之，不能已之。茫茫九原，愛莫起之。」

## 校勘記

〔一〕聞見後録　「後」字原無，據五朝名臣言行録卷第九之二補。

# 孫奭　宣公

字宗古，博平人。以九經及第，事太宗、真宗、仁宗，位至翰林侍讀學士。爲國子監直講，太宗幸監，詔公講尚書説命三篇。公年少位下，然音讀詳潤，帝稱善，因嘆曰：「天以良弼賚商，朕獨不得邪？」因以切勵輔臣，賜公緋章服。永興軍上言朱能得天書，真宗自拜迎入宫。孫奭知河陽，上疏切諫，以爲天且無言，安得有書？其辭有云：「得來唯自於朱能，崇信只聞於陛下。」其質直如此。上亦不之責。頃之，朱能果敗。並記聞

真宗將西祀，公上疏切諫，以爲西祀有十不可，其辭有云：「秦多繇役，而劉、項起於徒中；唐不恤民，而黄巢因於飢歲。今陛下好行幸，數賦斂，安知天下無劉、項、黄巢乎？」上乃自製辨疑論以解之，仍遣中使慰諭焉。

每上前説經，及亂君亡國事，反復申繹，未嘗避諱，因以規諷。又掇五經切治道者爲五十篇，號經典徽言，上之，畫無逸爲圖，乞施便坐，爲勸鑑之助〔一〕。

奭舉動方重，論議有根柢，不肯詭隨雷同。真宗已封禪，群臣皆歌誦盛德，獨公正言諫爭，毅然有古風采〔二〕。並記聞

公以太子少保致仕，居於鄆。一日，置宴御詩廳，仁宗嘗賜詩，刻石所居之廳壁。語客曰：「白傅有言：『多少朱門鎖空宅，主人到了不曾歸。〔三〕』今老夫歸矣。」喜動于色。復顧石守道諷易離卦九三爻辭〔四〕，且曰：「樂以忘憂，自得小人之志；歌而鼓缶，不興大耋之嗟。」公以醇德奥學，勸講禁中二十餘年，晚節勇退，優游里中，始終全德，近世少比。燕談

公與馮章靖公俱以鴻碩重望，勸講禁中，凡朝廷典禮事，並二公討論之。沂公嘗言：「孫八座所閲典故，必以前代中正合彝法事，類而陳之，則政府奉行無疑。馮貳卿求廣博，不專以典正爲意，故政府奉行，煩於執奏。」以是二君之優劣分矣。沂公言行録

## 校勘記

〔一〕爲勸鑑之助　「勸」，涑水記聞卷四作「觀」。

〔二〕毅然有古風采　「古」下同前書有「人」字。
〔三〕主人到了不曾歸　「了」，澠水燕談録卷四作「老」。
〔四〕復顧石守道諷易離卦九三爻辭　「守」原作「安」，元刊本同，據五朝名臣言行録卷第九之三改。

## 李及　恭惠公

字幼幾，其先范陽人，後徙鄭州。中進士第，事真宗、仁宗，位至御史中丞。

曹瑋久在秦州，累章求代。真宗問王旦誰可代者，旦薦公，上即以公知秦州。衆皆謂及雖謹厚有行檢，非守邊之材。楊億以衆言告旦，旦不答。公至秦州，將吏心亦輕之。會有屯駐禁軍白晝掣婦人銀釵於市，吏執以聞。公方坐觀書，召之使前，略加詰問，其人服罪，及不復下吏，亟命斬之，復觀書如故。將吏皆驚服。不日，聲譽達京師。億聞之，復見旦，具道其事，且曰：「向者相公初用及，外廷之議皆恐及不勝其任，今及材器乃如此，信乎相公知人之明也。」旦笑曰：「外廷之議，何其易得也。夫以禁軍戍邊，白晝爲盜於市，主將斬之，事之常也。旦之用及者，其意非爲此也。夫以瑋知秦州七年，羌人讋服，邊境之事，瑋處之已盡其宜矣。使他人往，必矜其聰明，多所變置，敗瑋成績。旦所以用及者，但以及

重厚，必能謹守瑋之規摹而已矣。」億由是益服旦之識度。記聞

公知杭州，每訪林逋於孤山，望林麓而屏導從，步入其廬。一日，冒雪出郊，衆皆謂當置酒召客，乃獨造逋，清談至暮而返。逋死，公以喪服哭送拜墓乃歸。吴兒自是恥其風俗之薄也。晁以道集

蔡君謨嘗書小吴牋云：「李及知杭州，市白集一部，乃爲終身之恨。此清節可爲世戒。張乖崖鎮蜀，當遨遊時〔一〕，士女環左右，終三年未嘗回顧，此重厚可爲薄末之檢押。」筆談

## 校勘記

〔一〕當遨遊時　「遊」字據夢溪筆談卷二五補。

# 孔道輔

字原魯，孔子四十五代孫。舉進士，奉孔子祠。事仁宗，位至御史中丞。

初，莊獻太后稱制，郭后恃太后勢，頗驕横，後宫多爲太后所禁遏，不得進。太后崩，上

始得自縱。適美人尚氏父自所由除殿直〔一〕，賞賜無算，恩寵傾京師。郭后妬，屢與之忿爭。尚氏常於上前有侵后不遜語，后不勝忿，起批其頰，上自起救之，后誤查上頸，上大怒。閻文應勸上以爪痕示大臣而謀之。上因以示呂夷簡，且告之故，夷簡因密勸上廢后。上疑之，夷簡云：「光武，漢之明主也，郭后止以怨懟坐廢，況傷乘輿乎？廢之未損聖德。」上未許，外人籍籍，頗有聞之者。左司諫范仲淹因登對極諫不可。夷簡將廢后，奏請敕有司無得受臺諫章疏。十二月乙卯，稱皇后入道，賜號「淨妃」，居別宮。權中丞孔道輔怪閤門不受章奏，遣吏詗之，始知其事，奏請，未降詔書。明日，與范仲淹帥諸臺諫詣閤門請對，閤門不爲奏。公等欲自宣祐門入趣内東門，宣祐監官宦者闔扉拒之。道輔拊門銅鐶大呼曰：「皇后被廢，奈何不聽我曹入諫？」宦者奏之，須臾，有旨：「臺諫欲有所言，宜詣中書附奏。」公等悉詣中書，論辨諠譁。夷簡曰：「廢后自有典故。」仲淹曰：「相公不過引漢光武勸上耳，此光武失德，又足法邪？自餘廢后，皆昏君所爲。」夷簡拱立曰：「玆事明日諸君更自登對力陳之。」公等退，夷簡即爲熟狀，貶黜道輔等。故事，中丞罷，須有告詞。至是直以敕除之。公等還家，敕尋至，遣人押出城。十一月，故后郭氏薨。后之獲罪也，上直以一時之忿，且爲呂、閻所譖〔二〕，故廢之。既而悔之。后出居瑶華宫，章惠太后亦逐楊、尚二美人，而立曹后。久之，上遊後園，見郭后故肩輿，悽然傷之，作慶金枝詞賜之，且曰：「當復召汝。」呂、閻聞之，大懼。會后有小疾，文應使醫官故以藥發其疾。疾甚未絶，文應以不救聞，遽以棺斂之。王伯庸時爲諫官，上言：「郭后未卒數日，先具棺器，請推按起居狀。」上不從，但以后禮葬於佛舍而已。或曰，章獻初崩，上與夷簡謀，以夏竦等皆莊獻太后之黨，悉罷之。退告郭后，后曰：「夷簡獨不附太后邪？但多機巧，善應變爾。」由是并夷簡罷之。是日，夷簡押班，聞唱其名，大駭，不知其故。夷簡素與内侍副都知閻文應相結，使爲中詗，久之，乃知事由郭后。夷簡由是惡郭后。記聞

公知兗州，近臣有獻詩百篇者，執政請除龍圖閣直學士。上曰：「是詩雖多，不如孔道輔一言。」乃以公爲龍圖閣直學士。王荆公撰墓誌

公使契丹，契丹燕使者，優人以文宣王爲戲，公艴然徑出。虜使主客者邀還坐，且令謝。公正色曰：「中國與北朝通好，以禮文相接，今俳優之徒，侮慢先聖而不之禁，北朝之過也。道輔何謝！」虜君臣默然。

公在寧州，道士治真武像，有蛇穿其前，數出近人，人以爲神。州將欲視驗以聞，故率其屬往拜之，而蛇果出。公即舉笏擊蛇殺之，自州將以下皆大驚，已而又皆大服。公由此始知名。並墓誌

元祐中，上元駕幸凝祥池宴從臣，教坊伶人以先聖爲戲，刑部侍郎孔宗翰道輔之子

奏："唐文宗時嘗有爲此戲者，詔斥去之。今豈宜尚容有此？"詔付伶官于理。或曰："此細事，何足言者？"孔曰："非爾所知。天子春秋鼎盛，方且尊德樂道，而賤工乃爾褻慢，縱而不治，豈不累聖德乎！"聞者嘆伏。燕談。

### 校勘記

〔一〕適美人尚氏父自所由除殿直 "美人"下涑水記聞卷五有"尚氏、楊氏尤得幸"七字。

〔二〕且爲吕閭所譖 "譖"原作"贊"，據長編卷一一七景祐二年十一月戊子條等改。

## 尹洙

字師魯，河南人。中進士第，事仁宗，官至起居舍人。

范公貶饒州，諫官、御史不肯言，師魯上書言："仲淹，臣之師友，願得俱貶。"貶監郢州酒稅。歐公撰墓誌

其民，而月取其俸償于官。逮按問，而錢先已輸官矣。坐此貶公崇信軍節度副使，徙

監均州酒税。墓表

慶曆中，洙與范仲淹等友善，仲淹等既罷朝政，洙亦爲人希時宰意，攻以居渭州時事，遂置獄，遣劉湜按之。一日，謂洙曰：「龍圖以銀爲偏提，給銀有記，而收偏提無籍，龍圖當得罪死矣。」洙曰：「此不足以致洙罪也。以銀爲偏提，用某工校主之，附某籍，可取視之。」湜閲籍果然，知不能害，嘆息而已。其後洙在隨州，而孫甫之翰知安州，過隨，二人皆好辨論，對榻語幾月，無所不道。而洙未嘗有一言及湜者。甫問曰：「劉湜按師魯，欲致師魯於死，而師魯絶口未嘗有一言及湜，何也？」洙曰：「湜與洙本未嘗有不足之意，其希用事者意，欲害洙，迺湜不能自樹立耳，洙何恨於湜乎！」甫深伏其識量。甫又言：「洙自謂平生好善之心，過於嫉惡。甫信然。」南豐雜識

師魯謫官均州，時希文知鄧州，師魯得疾，即擅去官，詣鄧州，以後事屬希文。希文日往視其疾。一旦，遣人招希文甚遽，既至，師魯曰：「洙今日必死矣。人言將死者必見鬼神，此不可信，洙並無所見，但覺氣息奄奄就盡耳。」隱几坐，與希文語久之，謂希文曰：「公可出，洙將逝矣。」希文出至廳事，已聞其家號哭。希文竭力送其喪及妻孥歸洛陽。記聞

師魯當天下無事時，獨喜論兵，爲叙燕、息戍二篇行于世。自西兵起凡五六歲，未嘗不在其間，故於西事尤習其詳。欲訓土兵代戍卒，以減邊用，爲禦戎長久之策。皆未及施爲，

而元昊臣，西兵解嚴，師魯亦去而得罪矣。誌

公天性慈仁，內剛外和，凡事有小而可矜者，必惻然不忍，發見顏貌。及臨大節，斷大事，則心如金石，雖鼎鑊前列，不可變也。

文章自唐之衰，日淪淺俗，寖以大敝。本朝柳仲塗始以古道發明之，後卒不能大振。天聖初，公獨與穆參軍伯長矯時所尚，力以古文爲主，次得歐陽永叔，以雄詞鼓動之，於是後學大悟，文風丕變。並韓魏王撰墓表

師魯深於春秋，故其文謹嚴，辭約而理精，章奏疏議，大見風采，士林聳慕焉。范文正撰文集序

本朝古文，柳開仲塗、穆脩伯長首爲之唱，師魯兄弟繼其後。文忠公蚤工偶儷之文，及官河南，始得師魯，乃出韓退之文學之。蓋公與師魯於文雖不同，公爲古文則居師魯後也。如五代史，公嘗與師魯約分撰。其後，師魯死，無子。今歐陽公五代史頒之學官，盛行於世，內果有師魯之文乎？抑歐陽公自爲之也？歐公誌師魯墓，論其文曰：「簡而有法。」且謂人曰：「在孔子六經中，唯春秋可當。」則歐公於師魯不薄矣。崇寧間，改脩神宗正史，歐公傳乃云：「同時有尹洙者，亦爲古文，然洙才下不足以望脩云。」蓋史官皆晚學小生，不知前輩文章淵源，自有次第也。

天聖、明道中，錢文僖自樞密留守西都，謝希深爲通判，歐陽永叔爲推官，尹師魯爲掌書記，梅聖俞爲主簿，皆天下之士。錢相因府第起雙桂樓，西城建臨園驛〔一〕，命永叔、師魯作記。永叔文先成，凡千餘言。師魯曰：「淶止用五百字可記。」文成，永叔服其簡古。永叔自此始爲古文。並聞見録

韓魏公曰：希文常勸以身安而後國家可保。師魯以謂不然，直謂臨國家，不當更顧身。公雖重希文之説，然性之所喜，以師魯爲愜爾。別録

## 校勘記

〔一〕西城建臨園驛　邵氏聞見録卷八「建」下有「閣」字，「園」作「圜」。

## 余靖　襄公

字安道，韶州人。舉進士，試書判拔萃。事仁宗，官至工部尚書。

范文正以言事忤大臣，貶知饒州，諫官、御史緘口避禍，無敢言者。公獨上書曰：「陛

下親政以來，三逐言事者矣。若習以爲常，不甚重惜，恐鉗天下之口。」書既上，落職監筠州酒稅。尹洙、歐陽脩相繼抗疏論列，又以書讓諫官，亦得罪遠謫。時天下賢士大夫相與惜其去，號爲四賢。

慶曆三年，上增置諫官，以開廣言路，親筆公姓名，除右正言。公感激奮勵，遇事輒言，無所回避。是年太白犯歲星于太微端門之右，公論之曰：「金、火罰星，皆主兵喪及饑。蓋木爲德，金爲刑，惟金沴木，五行所忌。願陛下責躬修德，以謝天變。」並蘇台文撰行狀

開寶塔災，得舊瘞舍利，迎入内庭，傳言頗有光怪，將復建塔，公言：「彼一塔不能自衛，何福可及於民？凡腐草皆有光，水精及珠之圓者，夜亦有光，烏足異也？」上從之。筆談

奉使契丹〔一〕，入辭，書所奏事于笏，各用一字爲目。上顧見之，問其所書者何，靖以實對。上指其字一一問之，盡而後已。記聞

慶曆四年，元昊請和，將加封册，而契丹以兵臨境上，遣使言：「爲中國討賊，且告師期，請止毋與和。」朝廷患之。議未決，公獨謂：「中國厭兵久矣，此契丹之所幸。一日使吾息兵養勇，非其利也，故用此以撓我爾。是不可聽。」朝廷雖是公言，猶留夏册不遣，而假公諫議大夫以報。公從十餘騎，馳出居庸關，見虜於九十九泉，從容坐帳中辯析，往復數十，卒屈其議，取其要領而還。朝廷遂發册臣元昊。西師既解嚴，而北邊亦無事。神道碑

云：使契丹，能爲胡語，契丹愛之。及再往，虜情益親，余作胡語詩，虜主大喜，爲之釂觴。還，坐貶官。貢父詩話

廣之番舶裝船，舊皆取税，公奏罷之，以徠遠商。又請立法戒，當任官吏，不得市南藥。及公北歸，不載南海一物云。行狀

本名希古，韶州人。舉進士，未預解薦，曲江主簿王仝善遇之。時知韶州者舉制科，仝亦舉制科〔二〕，知州怒，以爲玩己，捃其罪，無所得，唯得仝與希古接坐，仝坐違敕停任，希古杖臀二十。仝遂閑居虔州，不復仕進。希古更名靖，取他州解及第。景祐中，爲館職，爲范文正訟冤獲罪，由是知名。范公參大政，引爲諫官。祕書丞茹孝標喪服未除，入京師私營身計，靖上言：「孝標冒哀求仕，不孝。」孝標由是獲罪，深恨靖。靖遷龍圖閣直學士，王仝數以書干靖求貨，靖不能應其求。孝標聞靖嘗犯刑，詐匿應舉，乃自詣韶州購求其案〔三〕，得之。時錢子飛爲諫官，方攻范黨，孝標以其事語之，子飛即以聞。詔下虔州問王仝，靖陰使人諷仝令避去，仝辭以貧不能出，靖置銀百兩於茶篚中，託人餉之。所託者怪其重，開視竊銀而致茶於仝，仝大怒。及詔至，州官勸仝對「當日接坐者余希古，今不知所在」，仝不從，對稱「希古即靖是也」，靖遂以將作分司。記聞

## 校勘記

〔一〕奉使契丹　「使」原作「事」，元刊本同，據五朝名臣言行録卷第九之七改。

〔二〕時知韶州者舉制科仝亦舉制科　此十三字今本涑水記聞作「爲干知韶州者舉制科」。

〔三〕乃自詣韶州購求其案　「購」，同前書作「密」。

# 王質

字子野，文正公之姪也。以蔭補官，召試，賜進士及第。事仁宗，官至天章閣待制。

通判蘇州，州守黄宗旦頗以新進少公。議事，則曰：「少年乃與丈人爭事？」公曰：「受命佐君，事有當爭，職也。」宗旦雖屢屈折，而政常得無失，稍德公助己。宗旦得盜鑄錢百餘人，以託公，公曰：「事發無跡，何從得之？」曰：「吾以術鉤出之。」公愀然曰：「仁者之政，以術鉤人寘之死，而又喜乎？」宗旦慚服，悉緩出其獄，始大稱公曰：「君子也！」

遷湖北轉運使，當用兵西方，急於財用之時，獨不進羨餘，其賦斂近寬平，治以常法。故他路不勝其弊，而荆湖之人自若。

判吏部流内銓，號爲稱職，而於選法未嘗有所更易。人或問之，公曰：「選法具備如權衡，在執者不欺其輕重耳，何必屢更其法？」

范仲淹以言事貶饒州，方治黨人甚急，公獨扶病率子弟餞于東門，留連數日。大臣有以讓公曰：「長者亦爲此乎？何苦自陷朋黨？」公曰：「范公，天下賢者，若得爲黨人，公之賜質厚矣。」聞者爲公縮頸。並歐公撰神道碑

文正作舍人時，家甚虚，嘗貸人金以贍昆弟，過期不入，輟所乘馬以償之。公因閲家藏書，而得其券，召家人示之曰：「此前人清風，吾輩當奉而不墜，宜祕藏之。」又得顔魯公爲尚書時乞米于李大夫墨帖，刻石以摸之，遍遺親友。其雅尚如此。終身不貪，所至有冰蘖聲。范文正撰墓表

## 孫甫

字之翰，許州人。再舉及第。事仁宗，官至天章閣待制兼侍讀。

監益州交子務。蜀用鐵錢，民苦轉貿重，故設法書紙代錢，以便市易。轉運使以僞造犯法者多，欲廢不用。公曰：「交子可以僞造，錢亦可以私鑄，私鑄有犯，錢可廢乎？但嚴

治之，不當以小仁廢大利。」後卒不能廢。歐公撰墓誌

祁公爲樞密副使，薦于朝，得祕閣校理。是時天子方鋭意更用二三大臣，乃極選一時知名士，增置諫官，使補缺失。公以右正言居諫院，上好納諫諍，未嘗罷言者，而至言宫禁事，它人猶須委曲開諷，而公獨曰：「所謂后者，正嫡也，其餘皆猶婢爾。貴賤有等，用物不宜過僭。自古寵女色，初不制而後不能制者，其禍不可悔。」上深嘉納之。保州兵變，前有告者，大臣不時發之。公因力言樞密使副當得罪，使乃杜祁公也。邊將劉滬城水洛于渭州，部署尹洙以滬違節度，將誅之。大臣稍主洙議〔一〕。公以謂：「水洛通秦、渭，於國家利，滬不可罪。」由是罷洙而釋滬。洙，公平生所善者也。公在諫院，所言補益尤多。是三者，其一人所難言，其二人所難處者。其後言宰相以某事當去者，上亟爲罷之，因以陳執中爲參知政事〔二〕。公又言執中不可用，由是上難之，公遂求解職。墓誌

慶曆中，孫甫、蔡襄爲諫官，言宰臣晏殊役官兵治邸舍，懷安苟且，無向公之心。遂罷殊政事，而甫等因薦富弼代殊。上怒，以謂進用宰相，人主之任，臣下不宜有所指陳。遂相陳執中。而甫等極言執中不可用，不聽，求罷。南豐雜識

慶曆中，上用杜衍、范仲淹、富弼、韓琦任政事，而以歐陽脩、蔡襄及甫等爲諫官，欲更張庶事，致太平之功。仲淹亦皆戮力自效，欲報人主之知。然好同惡異，不能曠然心無適

莫。甫嘗家居，石介過之，問介：「適何許來？」介言：「方過富公。」問：「富公何爲？」介曰：「富公言滕宗諒守慶州，用公使錢坐法，杜公則欲致宗諒重法，『不然，則衍不能在此』。范公則欲薄其罪，曰『不然，則仲淹請去』。富公欲抵宗諒重法，則懼違范公，欲薄其罪，則懼違杜公，患是不知所決。」甫曰：「守道以謂如何？」介曰：「介亦竊患之。」甫嘆曰：「法者，人主之操柄。今富公患重罪宗諒則違范公，薄其罪則違杜公，是不知有法，而未嘗意在人主也。守道平生好議論，自謂正直，亦安得此言乎！」同上

初，元昊反，契丹亦以兵近邊謀棄約，任事者於西方益禁兵二十萬，北方益土兵亦二十萬，又益禁兵四十指揮，及群盜張海等劫京西，江淮皆警。是時已更用大臣矣，又令天下益禁兵。公言曰：「天下所以大困在浮費，而浮費之廣者，兵爲甚。今不能損，又可益之耶？且兵已百萬矣，不能止盜，而但欲多兵，豈可謂知所先後哉！」不報，於是極論古今養兵多少之利害以聞，語詆大臣尤切。行狀

爲兩浙轉運使，范文正守杭州，以大臣，或便宜行事。公曰：「范公，貴臣也。吾屈於此，則彼不得伸於彼矣。」由是一切繩以法，而常以監司自處。范公遇公無倦色，及退而不能無恨。公遇范公不少下，然退而未嘗不稱其賢也。誌

人嘗與一硯，直三十千。公曰：「硯有何異，而如此之價也？」客曰：「硯以石潤爲賢。

此石呵之則水流。」甫曰：「一日呵得一檐水，纔直三錢，買此何用？」竟不受。筆談

公博學彊記，尤喜言唐事，能詳其君臣行事本末，以推見當時治亂。每爲人説，如其身履其間，而聽者曉然如目見。故學者以謂：「終歲讀史，不如一日聞公論也。」所著唐史記七十五卷，論議閎贍。書未及成，公既卒，詔取其書，藏于祕府。誌

司馬温公書公唐史記後云：孫公昔著此書，甚自重惜，常別緘其藁於笥，必盥手啓之。謂家人曰：「萬一有水火兵刀之急，它貨財盡棄之，此笥不可失也。」每公私少間，則增損改易，未嘗去手。其在江東爲轉運使，出行部，亦以自隨，過亭傳休止，輒取脩之。會宣州有急變，乘馹遽往，不暇挈以俱。既行，其後金陵大火〔三〕，延及轉運廨舍，弟子察親負其笥，避於沼中島上。公在宣州，聞之亟還，入門問曰：「唐書在乎？」察對曰：「在。」乃悦，餘無所問。自壯年至于白首乃成，亦未以示人。文潞公執政嘗就公借之，公不與，但録姚崇宋璟論以與之，況它人，固不得見也。

蘇内翰答李廌書云：録示孫之翰唐論，僕不識之翰，今見此書，凛然得其爲人。至論褚遂良不譖劉洎，太子瑛之廢由張説，張巡之敗由房琯，李光弼不當圖史思明，宣宗有小善而無人君大略，皆舊史所不及也。

# 校勘記

〔一〕大臣稍主洙議　「洙」原作「和」，據五朝名臣言行録卷第九之九改。

〔二〕因以陳執中爲參知政事　「因」原作「曰」，據同上書改。

〔三〕其後金陵大火　「於」，洪本、張本均作「其」。

# 宋名臣言行録前集卷第十

## 陳摶　希夷先生 穆脩、种放、魏野、李之才、林逋附

字圖南，亳州人。周世宗賜號白雲先生。太宗朝賜號希夷

摶隱居華山，多閉門獨卧，至百餘日不起。周世宗召至闕下，令於禁中扃户以試之。月餘始開，摶熟寐如故，甚異之。因問以黄白之術，曰：「陛下爲天下君，當以蒼生爲念，豈宜留意於爲金乎？」世宗不悦，放還山。太宗即位，再召之，留闕下數月，延入宫中與語。遣中使送至中書。宰相宋琪等問曰：「先生得玄默脩養之道，可以授人乎？」曰：「練養之道，皆所不知。然正使白日昇天，何益於治？聖上龍顔秀異，有天人之表，洞達今古治亂之旨，真有道仁聖之主，正是君臣合德以治天下之時，勤行脩練，無以加此。」琪等表上其言，上喜甚。談苑

摶負經綸之才，歷五季亂離，游行四方，志不遂，入山，隱居。自晉、漢以後，每聞一朝革命，顰蹙數日。人有問者，瞪目不答。一日，方乘驢遊華陰市，聞太祖登極，驚喜大笑。問其故，又笑，曰：「天下自此定矣。」太祖方潛龍時，摶嘗見天日之表，知太平之有日矣。遯跡之初，有詩云：「十年蹤跡走紅塵，回首青山入夢頻。紫陌縱榮爭及睡，朱門雖貴不如貧。愁聞劍戟扶危主，悶見笙歌聒醉人。携取舊書歸舊隱，野花啼鳥一般春。」豈淺丈夫哉！邵伯温易學辨惑

太宗召赴闕，賜詩云：「曾向前朝出白雲，後來消息杳無聞。如今若肯隨徵召，總把三峰乞與君。」先生服華陽巾，草履垂絛，以賓禮見，賜坐。燕談

太平興國初，召至闕，求一靜室休息，乃賜舘於建龍觀，扃户熟寐，月餘方起。上方欲征河東，摶諫止之。九年，復來朝，始陳河東可取。暨王師再舉，果執劉繼元，平并州。太宗問摶曰：「昔在堯、舜之爲天下，今可致否？」對曰：「堯、舜土堦三尺，茅茨不剪，其迹似不可及。然能以清靜爲治，即今之堯、舜也。」並辨惑

被詔至闕下，間有士大夫詣其所止，願聞善言，以自規。摶曰：「優好之所勿久戀，得志之處勿再往。」聞者以爲至言。倦遊録

康節嘗誦希夷之語曰：「得便宜事，不可再作；得便宜處，不可再去。」又曰：「落便宜

是得便宜。」故康節詩云：「珍重至人嘗有語，落便宜是得便宜。」蓋可終身行之也。

後復再召，摶辭曰：「九重仙詔，休教丹鳳啣來；一片野心，已被白雲留住。」

摶好讀易。以數學授穆伯長，穆授李挺之，李授康節邵堯夫；以象學授种放，放授廬江許堅，堅授范諤昌〔一〕。此一枝傳於南方也。世但以爲學神仙術，善人倫風鑑而已，非知圖南者也。

穆脩字伯長，汶陽人，後居蔡州。師事圖南。脩少豪放，性褊少合。多游京、洛間，人嘗書其句于禁中壁間，真廟見之，深加歎賞，問侍臣曰：「此爲誰詩？」或以穆脩對。上曰：「有文如是，公卿何以不薦？」丁晉公在側曰：「此人行不逮文。」由是上不復問。蓋伯長與晉公有布衣舊，晉公頃赴夔漕，伯長猶未仕，相遇漢上，晉公意欲伯長先致禮，伯長竟不一揖而去，晉公銜之，由是短於上前。後晉公貶朱崖，徙道州，公有詩云：「却謗有虞刑政失，四凶何事不量移！」可見其不相善也。公登進士第，後爲潁州文學參軍，故當時呼之曰穆參軍。老益貧，家有唐本韓、柳集，乃丐於所親厚者，得金用工鏤板，印數百帙，携入京師相國寺，設肆鬻之。伯長坐其旁，有儒生數輩，至其肆，輒取閱，公奪取，怒視謂曰：「先輩能讀一篇不失一句，當以一部相送。」遂終年不售。時學者方從事聲律，未知爲古文。伯長始爲之唱，其後尹洙師魯始從之學古文，又傳其春秋學。

李之才字挺之，青州人。倜儻不群，師事伯長。伯長性嚴急，稍不如意，或至呵叱。挺之承順，如事父兄。登科，任孟州司户，挺之坦率，不事儀矩，時太守范忠獻公以此頗不悦。後忠獻建節移鎮延安，郡僚多送至境外，挺之但別于近郊，衆或讓之，挺之曰：「情文貴稱，公實不我知，而出疆遠送，非情，豈敢以不情事范公！」未幾，忠獻責守安陸，過洛三城，故吏無一人往者，獨挺之沿檄往省之。忠獻始稱嘆，遂受知焉。又嘗爲衛州共城令，時康節居祖母服，築室蘇門山百源之上，挺之自造其廬，問曰：「子何所學？」曰：「爲科舉進取之學耳。」挺之曰：「科舉之外，有義理之學，子知之乎？」曰：「未也。願受教。」挺之曰：「義理之外，有物理之學，子知之乎？」曰：「未也。願受教。」挺之曰：「物理之外，有性命之學，子知之乎？」先君曰：「未也。願受教。」於是康節傳其學。並邵伯温易學辨惑

种放字明逸，隱居終南山豹林谷，聞希夷先生之風，往見之。希夷先生一日令洒掃庭除，曰：「當有佳客至。」明逸作樵夫拜庭下，希夷而上之曰：「君豈樵者？二十年後當爲顯官，名聲聞天下。」曰：「放以道義來，官禄非所問。」希夷曰：「君骨相當爾，雖晦迹山林，恐竟不能安。」真宗召爲司諫。帝携其手登龍圖閣，論天下事。辭歸山，拜諫議大夫。後改工部侍郎。先是，希夷爲明逸卜上世葬地於豹林谷下，不定穴。既葬，希夷見之，言地固佳，

安穴稍低，世世當出名將。明逸不娶，無子。自其姪世衡，至今爲將帥有聲。聞見録

希夷嘗戒放曰：「子他日遭逢明主，不假進取，迹動天闕，名馳寰海。名者，古今之美器，造物者深忌之。天地間無完名，子名將起，必有物敗之〔二〕，可戒之。」放至晚節，侈飾過度，營産滿鄠、鎬間，門人戚屬，亦怙勢强併，歲入益厚，遂喪清節。玉壺清話

放以處士召見，真宗待以殊禮，名動海内。後謁歸終南山，恃恩驕倨。王嗣宗知長安，放至，通判以下群拜謁，放小俛垂手接之而已，嗣宗内不平。放召其姪出拜嗣宗，嗣宗坐受之。放怒，嗣宗曰：「向者通判以下拜君，君扶之而已。此白丁耳，嗣宗狀元及第，名位不輕，胡爲不得坐受其拜？」放曰：「君以手搏得狀元耳，何足道也！」嗣宗怒，遂上疏言：「放實空疏，才識無以踰人，專飾詐巧，盗虚名。陛下尊禮放，擢爲顯官，臣恐天下竊笑，益長澆僞之風。且陛下召魏野，野閉門避匿，而放陰結權貴，以自薦達。」因抉擿言放陰事數條。上雖兩不之問，而待放之意寖衰。記聞

放别業在終南山，後生從之學者甚衆。性嗜酒，躬耕種秫以自養。所居有林泉之勝，殊爲幽絶。真宗聞之，遣中使携畫工圖之，開龍圖閣，召輔臣觀焉，上嘆賞之。其後，甘棠魏野有居幽致，帝亦遣人圖之。故野有詩云：「幽居帝畫看。」燕談

處士魏野，字仲先，居於東郊，架草堂〔三〕，有水竹之勝。好彈琴，作詩清苦，多聞於時〔四〕。

上祀汾陰，召之，辭疾不至。以詩贊王文正公曰：「從前輔相皆頻出，獨在中書十五秋。泰嶽、汾陰俱禮畢〔五〕，這迴好伴赤松遊。」公覽之，喜形於色，以酒茗藥物爲答。王文正遺事 旦得詩感悟，以疾屢辭政柄，遂拜太尉、玉清昭應宫使。魏野謂寇準曰：「自古功名蓋世，少有全者。」因與詩曰：「好去上天辭將相，歸來平地作神仙。」及貶，始悔不用野之言。仁宗政要 温公集野子閑，亦不仕，皇祐中賜號清逸處士。温公集云

林逋字君復，居杭州西湖之孤山。真宗聞其名，詔長吏歲時勞問〔六〕。逋工筆畫〔七〕，善爲詩，如「草泥行郭索，雲木叫鉤輈」，頗爲士大夫所稱。又梅花詩云：「疏影横斜水清淺，暗香浮動月黄昏。」評詩者謂前世詠梅者多矣，未有此句也。又其臨終爲句云：「茂陵他日求遺藁，猶喜初無封禪書。」尤爲人稱誦。歸田録 逋景祐初尚無恙，范文正公亦過其廬，贈逋詩曰：「巢由不願仕，堯、舜豈遺人？」又曰：「風俗因君厚，文章到老醇。」其激賞如此。青箱雜記

## 校勘記

〔一〕堅授范諤昌 「昌」字原無，據五朝名臣言行録卷第十之一補。

〔二〕必有物敗之　「之」字原無，據玉壺清話卷八補。
〔三〕架草堂　架，百川學海乙集文正王公遺事作「構」，作「架」當爲避高宗諱。
〔四〕多聞於時　「多」，同前書作「名」。
〔五〕泰嶽汾陰俱禮畢　同前書作「西祀東封今已畢」。
〔六〕林逋字君復……詔長吏歲時勞問　此數句今本歸田録作「處士林逋，居於杭州西湖之孤山」。宋阮閲詩話總龜後集卷一九引與五朝名臣言行録同。
〔七〕逋工筆畫　「筆」，詩話總龜引作「於」。

## 胡瑗　安定先生

字翼之，泰州人。累舉不第。以范文正薦，官至太常博士。

侍講布衣時，與孫明復、石守道同讀書泰山，攻苦食淡，終夜不寢，一坐十年不歸。得家問，見上有「平安」二字，即投之澗中，不復展讀。曾孫滌所記

師道廢久矣。自明道、景祐以來，學者有師，惟先生暨泰山孫明復、石守道三人，而先生之徒最盛。慶曆四年春，天子開天章閣，與大臣講天下事，始慨然詔州縣皆立

學。於是建太學于京師，而有司請下湖州取先生之法以爲太學法，至今爲著令。歐陽公撰墓表

在湖州置治道齋，學者有欲明治道者，講之於中，如治兵、治民、水利、算數之類。嘗言劉彝善治水利，後累爲政，皆興水利有功。程氏遺書

先生尤患隋、唐以來，仕進尚文詞而遺經業，苟趨禄利。及爲蘇、湖二州教授，嚴條約，以身先之。雖大暑，必公服終日，以見諸生，嚴師弟子之禮。解經至有要義，懇懇爲諸生言其所以治己而後治乎人者。學徒千數，日月刮劘，爲文章，皆傅經義，必以理勝。信其師説，敦尚行實。後爲太學，四方歸之，庠舍不能容，旁拓步軍居以廣之。五經異論，弟子記之，目爲胡氏口義〔一〕。蔡端明撰墓誌

侍講讀「乾，元亨利貞」不避諱。上與左右皆失色，侍講徐曰：「臨文不諱。」上意遂解。曾孫滌記

在湖學時，福唐劉彝執中往從之，學者數百人，彝爲高第。熙寧二年召對，上問曰：「胡瑗文章與王安石孰優？」彝曰：「胡瑗以道德仁義，教東南諸生，時王安石方在場屋，脩進士業。臣聞聖人之道，有體、有用、有文。君臣父子，仁義禮樂，歷世不可變者，其體也。詩、書、史傳、子集，垂法後世者，文也。舉而措之天下，能潤澤其民，歸于皇極者，其

用也。國家累朝取士，不以體用爲本，而尚其聲律浮華之詞，是以風俗媮薄。臣師瑗當寶元、明道之間，尤病其失，遂明體用之學，以授諸生，夙夜勤瘁，二十餘年，專切學校，始自蘇、湖，終于太學，出其門者，無慮二千餘人。故今學者，明夫聖人體用，以爲政教之本，皆臣師之功也。」上曰：「其門人今在朝爲誰？」對曰：「若錢藻之淵篤，孫覺之純明，范純仁之直温，錢公輔之簡諒，皆陛下之所知也。其在外明體適用，教于民者迨數十輩。其餘政事文學，粗出於人者，不可勝數。此天下四方之所共知，而歎美之不足者也。」上悦。李廌書

侍講當召對，例須先就閤門習儀。侍講曰：「吾平生所讀書，即事君之禮也，何以習爲？」閤門奏，上令就舟次習之。侍講固辭，上亦不之强。人皆謂山野之人必失儀。及登對，乃大稱旨。上謂左右曰：「胡瑗進退周旋，舉合古禮。」曾孫滌所記

皇祐至和間爲國子直講，朝廷命主太學。生餘千人，先生日講易，每講罷，或引當世之事以明之。至小畜，以謂：「畜，止也。臣止君也。」已乃言及中令趙公補所碎劄子呈于藝祖之事。麈史

判國子監，其教育諸生有法。先生語諸生：「食飽未可據按或久坐，皆於氣血有傷。當習射投壺游息焉。」是亦食不語、寢不言之遺意也。程伊川曰：「凡從安定先生學者，其

醇厚和易之氣，望之可知也。」

仁宗朝，嘗上書請興武學，其略曰：「頃歲吳育已建議興武學，但官非其人，不久而廢。今國子監直講内，梅堯臣曾注孫子，大明深義，孫復而下，皆明經旨，臣曾任邊陲丹州推官，頗知武事。若使堯臣等兼莅武學，每日只講論語，使知忠孝仁義之道，講孫吳，使知制勝禦敵之術，於武臣子孫中選有智略者二三百人教習之，則一二十年之間，必有成效。臣已撰成武學規矩一卷進呈。」時議難之。呂原明記〔二〕

時方尚辭賦，獨湖學以經義及時務，學中故有經義齋、治事齋，經義齋者，擇疏通有器局者居之，治事齋者，人各治一事，又兼一事，如邊防、水利之類。故天下謂湖學多秀異，其出而筮仕，往往取高第，及爲政，多適於世用，若老於吏事者，由講習有素也。歐陽公詩云：「吳興先生富道德，詵詵弟子皆賢才。」王荆公詩云：「先收先生作梁柱，以次收拾桷與榱。」家塾記

初爲直講，有旨專掌一學之政。遂推誠教育多士，亦甄別人物。故好尚經術者，好談兵戰者，好文藝者，好尚節義者，皆使之以類群居，相與講習。胡亦時召之，使論其所學，爲定其理，或自出一義，使人人以對，爲可否之。當時政事，俾之折衷。故人皆樂從而有成。今朝廷名臣，往往胡之徒也。李廌記

爲國子先生日，番禺有大商，遣其子來就學，其子儇宕，所賫千金，仍病甚瘠，客于逆旅，若將斃焉。偶其父至京師，閔而不責，携其子謁胡先生，告其故，曰：「是宜先警其心，而後教誘之以道者也。」乃取一帙書曰：「汝讀是可以先知養生之術，知養生而後可以進學矣。」其子視其書，乃黄帝素問也。讀之未竟，惴惴然懼伐性命之過，甚悔痛自責，冀可自新。胡知其已悟，召而誨之曰：「知愛身則可以脩身，自今以始，其洗心向道，取聖賢之書，次第讀之，既通其義，然後爲文，則汝可以成名。聖人不貴無過，而貴改過。無懷昔悔，第勉事業。」其人穎鋭善學，二三年登上第而歸。李廌記

治家甚嚴，尤謹内外之分。兒婦雖父母在，非節朔不許歸寧。先子年有遺訓：「嫁女必須勝吾家者，娶婦必須不若吾家者。」或問其故，曰：「嫁女勝吾家，則女之事人必欽必戒；婦之不若吾家，則婦之事舅姑必執婦道。」曾孫滌所記

## 校勘記

〔一〕目爲胡氏口義　「目」，原作「自」，據洪、張本改。

〔二〕吕原明記　「原」，原作「厚」，據五朝名臣言行録卷第十之二改。

# 孫復　泰山先生

字明復，晉州人。舉進士不中，退居泰山。用富、范薦，官至直講。

先生少舉進士不中，退居泰山之陽，學春秋，著尊王發微。魯多學者，其尤賢而有道者石介，自介而下，皆以弟子事之。孔道輔聞先生之風，就見之。介執杖屨侍左右，先生坐則立，升降拜則扶之。及其往謝也，亦然。魯人由是始識師弟子之禮，莫不嗟嘆之。歐公撰墓誌

退居泰山之陽，枯槁憔悴，鬚鬢皓白。故相李文定公守究，見之，歎曰：「先生年五十，一室獨居，誰事左右？不幸風雨飲食生疾奈何？吾弟之女甚賢，可以奉先生箕箒。」先生固辭。文定曰：「吾女不妻先生，不過一官人妻。先生德高天下，幸婿李氏，榮貴莫大於此。」先生曰：「宰相女不以妻公侯貴戚，而固以嫁山谷衰老、藜藿不充之人，相國之賢，古無有也。予不可不成相國之賢。」遂娶之。其女亦甘淡薄，事先生盡禮，故當時士大夫莫不賢之。澠水燕談

先生治春秋，不惑傳註，不爲曲説以亂經。其言簡易，明於春秋諸侯大夫功罪，以考時之盛衰，而王道之治亂，得於經之本義爲多。墓誌

先生惡胡瑗之爲人，在太學常相避。瑗治經不如先生，而教養過之。邵氏後録

范文正在睢陽掌學，有孫秀才者索遊上謁，文正贈錢一千。明年，孫生復道睢陽謁文正，又贈一千。因問：「何爲汲汲於道路？」孫生戚然動色曰：「母老無以養，若日得百錢，則甘旨足矣。」文正曰：「吾觀子辭氣，非乞客也，二年僕僕，所得幾何，而廢學多矣。吾今補子學職，月可得三千以供養，子能安於學乎？」孫生大喜。於是授以春秋，而孫生篤學，不捨晝夜，行復脩謹。明年，文正去睢陽，孫亦辭歸。後十年，聞泰山下有孫明復先生，以春秋教授學者，道德高邁。朝廷召至，乃昔日索遊孫秀才也。筆録

## 石介　徂徠先生

字守道，兖州人。進士及第，官至直講。

守道爲舉子時，寓學於南都，其固窮苦學，世無比者。王瀆聞其勤約，因會客，以盤餐遺之。石謝曰：「甘脆者，亦介之願也。但日饗之則可，若止得一餐，則明日何以繼乎？朝饗膏粱，暮厭粗糲，人之常情也。介所以不敢當賜。」便以食還，王咨重之〔一〕。倦遊録

慶曆三年，吕夷簡罷相，夏竦罷樞密使，而杜衍、章得象、晏殊、賈昌朝、范仲淹、富弼、

韓琦同時執政，歐陽脩、余靖、王素、蔡襄並爲諫官。先生喜曰：「此盛事也！歌頌，吾職，其可已乎！」乃作慶曆聖德詩，略曰：「衆賢之進，如茅斯拔。大姦之去，如距斯脱。」衆賢，謂衍等，大姦，斥竦也。詩且出，泰山先生見之，曰：「子禍始於此矣。」先生不自安，求出，通判濮州。歐公撰墓誌

聖德詩云：「維仲淹弼，一夔一卨。」又曰：「琦器魁櫑，豈視居楔，可屬大事，重厚如勃。」其後，富、范爲宋名臣，而魏公定策兩朝，措天下於泰山之安，人始歎先生之知人。燕談

先生非隱者，其仕嘗位於朝矣。然魯之人不稱其官而稱其德，以爲徂徠，魯之望，先生，魯人之所尊，故因其所居山以配其有德之稱曰徂徠先生。其遇事發憤，作爲文章，極陳古今治亂成敗，以指切當世，賢愚善惡，是是非非，無所諱忌。世俗頗駭其言，由是謗議喧然，而小人尤嫉惡之，相與出力，必擠之死。先生安然，不惑不變，曰：「吾道固如是，吾勇過孟軻矣。」墓誌

天聖以來，穆伯長、尹師魯、蘇子美、歐陽永叔始唱爲古文，以變西崑體，學者翕然從之。其有楊、劉體者，人戲之曰：「莫太崑否？」石介守道深疾之，以爲孔門之大害，作怪説二篇〔二〕，上篇排佛、老，下篇排楊億。於是新進後學，不敢爲楊、劉體，亦不敢談佛、老。後歐、蘇復主楊大年。家塾記

介既卒，夏英公言於仁宗曰：「介實不死，北走胡矣。」尋有旨編管介妻子於江淮，又出中使與京東部刺史發介棺以驗虚實。是時，吕居簡爲京東轉運使，謂中使曰：「若發棺空，而介果北走，則雖孥戮不足以爲酷。萬一介屍在，未嘗叛去，即是朝廷無故發人塚墓，何以示後世邪？介之死，必有棺殮之人，又内外親戚及會葬門生，無慮數百，至於舉柩窆棺，必用凶肆之人，今皆檄召至此，劾問之，苟無異説，即皆令具軍令狀，以保任之，亦足以應詔也。」中使大以爲然。遂合數百狀，皆結罪保證。中使持以入奏，仁宗亦悟竦之譖，尋有旨放介妻子還鄉，而世以居簡爲長者。及竦之死也，仁宗將往澆奠。吴奎言於上曰：「夏竦多詐，今亦死矣。」仁宗憮然。至其家澆奠畢，躊躕久之，命大閹去竦面冪而視之。世謂剖棺之與去面冪，其爲人主之疑一也，亦所謂報應者邪？筆錄

張安道雅不喜石介，謂狂譎盗名，所以與歐、范不足，至人目以姦邪。一日謁曾祖，至祖父子容書室中，見介書，曰：「吾弟何爲與此狂生遊？」又問：「黄景微何在？聞前日狂生以羔鴈聘之不受〔三〕，何不與喫了羊，着了絹，一任作怪？何足與之較辭受義理也？」曾祖除御史中丞，固辭不拜，石介以書與祖父，以不拜爲非，其略云：「内相爲名臣，子容爲賢子，天下屬望，所繫非輕，豈可以辭位爲廉？」張見者，此書也。蘇氏談訓

## 校勘記

〔一〕王洛重之　「洛」，宋趙善璙自警篇作「益」。

〔二〕作怪説二篇　「二」，原作「三」，據五朝名臣言行録卷第十之四改。

〔三〕聞前日狂生以羔鴈聘之不受　「聞」原作「問」，據同前書改。

## 蘇洵　老泉先生

字明允，眉州人。常舉進士、茂材異等不中。歐公上其所書，韓公復薦之，遂除校書郎。

君少不喜學，年已壯，猶不知書。始大發憤，謝其素所往來少年，閉户讀書，爲文辭。歲餘，舉進士，再不中，不中。退而歎曰：「此不足爲吾學也。」悉取所爲文數百篇焚之，益閉户讀書，絶筆不爲文辭者五六年，涵畜充溢，抑而不發。久之，慨然曰：「可矣。」由是下筆，頃刻數千言，其縱横上下，出入馳驟，必造於深微而後止。蓋其禀也厚，故發之遲；志也慤，故得之精。自來京師，一時學者，皆尊其賢，學其文，以爲師法。以其父子俱知名，故

號老蘇以别之。歐公撰墓誌

永叔一見權書、衡論，目爲荀卿子，獻其書于朝。自是名動天下，士爭誦其文，時文爲一變。時相韓公琦嘗與論天下事，亦以爲賈誼不能過也。初作昭陵，禮廢闕，琦爲大禮使，事從其厚，調發趣辦，州縣騷然。先生以書諫琦且再三，至引華元不臣以責之。琦爲變色，然顧大義，爲稍省其過甚者。及先生没，韓亦頗自咎恨，以詩哭之，曰：「知賢不早用〔一〕，愧莫先於余者矣。」張安道撰墓表

嘉祐初，王安石名始盛，黨友傾一時。歐陽脩亦善之，勸先生與之遊，而安石亦願友於先生。先生曰：「吾知其人矣，是亦不近人情者，鮮不爲天下患。」安石之母死，士大夫皆吊，先生獨不往，作辨姦一篇。先生既没三年，而安石用事，其言乃信。辨姦略云：王叔子見王衍〔二〕，曰：「誤天下蒼生者，必此人也。」郭汾陽見盧杞，曰：「此人得志，吾子孫無遺類矣。」自今言之，其理固有可見者。以吾觀之，王衍之爲人也，容貌言語，固有以欺世而盗名者，然使晉無惠帝，雖衍百千，何從而亂天下乎？盧杞之姦，固足以敗國，然不學無文，非德宗之鄙暗，亦何從而用之？由是言之，二公之料二子，亦容有未必然也。今有人焉，口誦孔、老之言，身履夷、齊之行，收召好名之士，不得志之人，相與語言，私立名字，以爲顔淵、孟軻復出，而陰賊險很，與人異趣，是王衍、盧杞合而爲一人也，其禍可勝言哉！夫面垢不忘洗

衣垢不忘澣〔三〕，此人之至情也。今也不然，衣臣虜之衣，食犬彘之食，囚首喪面而談詩、書，此豈其情也哉！凡事之不近人情者，鮮不爲大姦慝。以蓋世之名，而濟未形之惡，雖有願治之主，好賢之相，猶當舉而用之，則其爲天下之患，必然而無疑者，非特二子之比也。墓表

東坡中制科，王荆公問吕申公：「見蘇軾制策否？全類戰國文章。若安石爲考官，必黜之。」故荆公後脩英宗實録，謂蘇明允爲「戰國縱横之學」云。聞見録

因論權書、衡論曰：「觀其著書之名已非，豈有山林逸民，立言垂世，乃汲汲於用兵？如此所見，安得不爲荆公所薄曰『大蘇以當時不去二虜之患，則天下不可爲』。又其審敵篇引晁錯説景帝削地之策曰『今日夷狄之勢，是亦七國之勢』，其意蓋欲掃蕩二虜，然後致太平爾。曰『才以用兵爲事』，只見搔擾，何時見天下息肩時節？以仁宗之世視二虜，豈不勝如戰國時？然而孟子在戰國時所論，全不以兵爲先，豈以崇虚名而受實敝乎？亦必有道矣。」龜山語録

## 校勘記

〔一〕知賢不早用　「用」，原無，據五朝名臣言行録卷第十之五補

〔二〕王叔子見王衍　「王叔子」，同前書作「羊叔子」，宋蘇洵嘉祐集卷九作「山巨源」。按：晉書卷四三王戎傳附從弟衍傳：「衍字夷甫，神情明秀，風姿詳雅。總角嘗造山濤，濤嗟嘆良久。既去，目而送之曰：『何物老嫗，生寧馨兒？然誤天下蒼生者，未必非此人也。』」山濤字巨源。王衍傳又云「衍年十四時在京師造僕射羊祜」，然無「誤天下蒼生」之語。羊祜字叔子。「王叔子」，其人未聞。據此，當以作「山巨源」爲是。

〔三〕夫面垢不忘洗衣垢不忘澣　「洗衣垢不忘」五字元刊本及五朝名臣言行録卷第十之五均無。

# 宋名臣言行録後集

# 目録

宋名臣言行録後集卷第一……二〇九
韓琦　魏國忠獻王……二〇九
宋名臣言行録後集卷第二……二三九
富弼　韓國文正公……二三九
歐陽脩　文忠公……二五六
宋名臣言行録後集卷第三……二七〇
文彦博　潞國忠烈公……二七〇
趙槩　康靖公……二七八
吳奎　文肅公……二八〇
張方平　文定公……二八一

宋名臣言行録後集卷第四……二八九
胡宿　文恭公……二八九
蔡襄……二九三
王素　懿敏公……二九五
劉敞……二九八
宋名臣言行録後集卷第五……三〇二
唐介　質肅公……三〇二
趙抃　清獻公……三〇六
吕誨……三〇九
彭思永……三一三
范鎮　蜀郡忠文公……三一六
宋名臣言行録後集卷第六……三二三
曾公亮　魯國宣靖公……三二三
王安石　荆國文公……三二四

宋名臣言行録後集卷第七……三四四
司馬光　温國文正公……三四四
司馬康……三六二
宋名臣言行録後集卷第八……三六四
吕公著　申國正獻公……三六四
吕希哲……三七四
宋名臣言行録後集卷第九……三七七
曾鞏……三七七
曾肇　文昭公……三八〇
蘇軾　文忠公……三八二
蘇轍……三九〇
宋名臣言行録後集卷第十……三九四
韓絳　康國獻肅公……三九四
韓維……三九六

傅堯俞　獻簡公……四〇〇
彭汝礪……四〇二
宋名臣言行録後集卷第十一……四〇三
范純仁　忠宣公……四〇三
王存……四一一
蘇頌……四一二
宋名臣言行録後集卷第十二……四一八
劉摯　忠肅公……四一八
王巖叟……四二〇
劉安世　元城先生……四二三
宋名臣言行録後集卷第十三……四三三
范祖禹……四三三
鄒公　吏部侍郎……四四〇
陳瓘　忠肅公……四四四

宋名臣言行録後集卷第十四……四五〇
邵雍……四五〇
陳襄……四五〇
劉恕……四五三
徐積　節孝先生……四五六
陳無己……四五八
附録……四六一

# 宋名臣言行録後集卷第一

## 韓琦　魏國忠獻王

字稚圭，相州人。中進士第二人。事仁宗、英宗、神宗，官至丞相，配享英宗廟庭。

天聖五年，仁宗初臨軒試進士，公年二十，名在第二。時唱名第一甲方終，太史奏日下五色雲見，左右從官皆賀於殿上。監左藏庫，時方貴高科，多徑去爲顯職，公獨滯於筦庫，衆以爲非宜，公處之自若，不以爲卑冗，職事亦未嘗苟且。並家傳

徙開封府推官，理事不倦，暑月汗流浹背，府尹王博文大器重之，曰：「此人要路在前，而治民如此，真宰相器也。」胡氏傳家録

以右司諫供職，勸上明得失，正朝廷紀綱，親近忠直，放遠邪佞。時災異數見，公以災

變屢發，主於執政者非才，累言於上，未見納。公又奏曰：「豈陛下擇輔弼未得其人邪？若杜衍、范仲淹、孔道輔、宋郊、胥偃，衆以爲忠正之臣，可備進擢。不然，嘗所用者王曾、呂夷簡、蔡齊、宋綬亦人所屬望也。」章十上，不報。公乃抗疏乞出。上乃罷宰臣王隨、陳堯佐，參知政事韓億、石中立等。家傳

公又言：「賞罰當從中書出，今數聞有内降，不可不止。王曾、蔡齊、宋綬，當世名臣，宜大用。」上納其說。王沂公見公論事切直有本末，喜謂公曰：「比年臺諫官多畏避爲自安計，不則激發近名。如君固不負所職，諫官宜若此。」沂公，天下正人，公得此益自信。行狀

民間復作銷金服玩，公請以先朝舊制禁絶之。乃下詔申諭。未幾，有犯者，開封以刑名未明，申請審刑院議，止徒三年。公奏：「大中祥符八年敕，犯銷金者斬。請復用之。」家傳

詔同詳定阮逸、胡瑗等所造鍾律。公曰：「祖宗舊法，遵用斯久，屬者徇一士之偏議，變數朝之定律。臣切計之，不若窮作樂之源，爲致治之本，使政令平簡，民物熙洽，海内擊壤鼓腹以歌太平，斯乃上世之樂，可得以器象求乎〔二〕？既達其源，又當究今之所急。國家方夏寧一，久弛邊備，犬戎之性，豈能常保？願陛下與左右弼臣，緩茲永樂之誠，移訪安邊之議，急其所急，在理爲長。」遂詔：「將來南郊，且用和峴舊樂。」

發解開封府舉人，時惟禮部貢院，置封彌、謄録二司，開封止有封彌官。公請並設謄録司，以示至公。從之。

公言：「自古興儉以勸天下，必以身先之。今欲減省浮費，莫如自宫掖始。請令三司取入内内侍省并御藥院、内東門司先朝及今來賜予支費之目，比附酌中，皆從減省，無名者一切罷之。」

公爲諫官三年，所存諫藁，欲斂而焚之，以效古人謹密之義，然恐無以見人主從諫之美，乃集七十餘章爲三卷，曰諫垣存藁，自序於首，大略曰：「諫主於理勝，而以至誠將之。」並家傳

以益、利路人飢，爲體量安撫使。公至則蠲減税以募人入粟，招募壯者，等第刺以爲廂禁軍。一人充軍，數口之家，得以全活。檄劍門關，民流移而欲東者勿禁。簡州艱食爲甚，明道中，以災傷嘗勸誘納粟，後糶錢十六餘萬，歸於常平。公曰：「是錢乃賑濟之餘，非官緡也。」發庫盡以給四等以下户，逐貪殘不職吏，罷冗役七百六十人，爲饘粥，活飢人一百九十餘萬。蜀人曰：「使者之來，更生我也。」家傳

元昊初叛，兵鋒鋭甚，中國久不知戰，人心煩恐。授公陝西安撫使，趣上道。公勇欲自效，馳至延安，則羌已解圍去。然士氣沮傷，將吏往往移病求罷職。公即選練材武，治戰守

器，慰安居人，收召豪傑，與之計議。范雍守延州，朝廷以爲不能，欲以趙振代。公奏曰：「願留雍以觀後效。無已，則起范仲淹爲可。臣爲國家計，非私仲淹也。若涉朋比，誤陛下事，當族。」慶人陳叔慶等陳邊防策，既而補官東南，公奏曰：「忠義憤懣，爲國獻計，雖稍收用，乃置于僻左，實羈縻之，非所以開示誠意，招徠人才也〔二〕。」

康定元年，夏竦都護西師，公副之。未幾，遣學士晁宗愨、内侍王守忠督出兵攻賊。公曰：「如詔意爲便，不則元昊聚兵出不意攻我，倉猝赴敵，必敗。」合府爭之，公所論不得用，使持奏還，而元昊掠鎮戎軍，偏將劉繼宗逆戰，果不利。詔下切責，俾以進兵日月來上。衆復會議，乃畫攻守二策求中決。公馳驛奏闕下，上許用攻策，已而執政以爲難。公不得已，獨上章曰：「元昊不出四五萬〔三〕，餘皆婦女老弱，舉族而行。我四路之兵不爲少，分戍數十城寨〔四〕，彼聚而來，故常衆，我散，故常寡，相遇每不敵，是以元昊能數勝。今不究此失，乃待賊大過，以二十萬重兵，惴然坐守界濠，不敢與虜角，臣實痛之。願更命近臣，觀賊之隙，如不可不擊，則願不疑臣言。」奏雖不下，知兵者以公說爲然。

公往來塞下，勤苦忘寢食，期有以報上。出按屯至涇原，聞元昊乞和，公諭諸將曰：「無約而降者，謀也。宜益備。」遽調兵，兵未集，賊果入鈔山外。公指圖授諸將曰：「山間狹隘可守，過此必有伏，或致師以怒我，爲餌以誘我，皆無得輒出。待其歸且憧也，邀擊之。」而裨將任福、王仲寶狃小勝，數違節度。公檄之曰：「違節度，有功亦斬。」福猶進兵，遇伏，遂戰死。嫉公者乞置公大罪，後大帥使收餘兵，得檄福衣帶間，封上之。朝廷知罪在諸將，止左遷右司諫，知秦州。

公在秦，增廣州城，以保固東西市〔五〕，招輯屬户，益市諸羌馬，討殺生羌之鈔邊者，厲兵以待賊。訖公去，秦賊不敢窺秦塞。

慶曆二年，陝西四帥皆改觀察使，公爲秦州觀察使，曰：「吾君憂邊，臣子何可以擇官？」獨不辭。行狀

初，京師所遣戍兵，脆懦不習勞苦，賊常輕之，目曰「東軍」，而土兵勁悍善戰。公奏增土兵以抗賊，而稍減屯戍，内實京師。又以籠竿城據衝要，乞建爲德順軍，以蔽蕭關、鳴沙之道。既任事久，歲補月完，甲械精堅，諸城皆有備，賞罰信于軍中，將亦習鬭，識形勢，每出輒有功。公方建請：「於鄜、慶、渭三州，各以土兵三萬爲一軍，軍雖别屯，而耳目相通爲一，視虜所不備，互出擣之，破其和市，屠其種落，困撓其國，因以招横山之人，度横山隳則平。夏兵素弱，必不能支，我下視興、靈，穴中兔爾。」章既上，又與范公定謀益堅，而元昊黠賊，知不可敵，亦斂兵不敢輒近塞。並行狀

公駐延安。忽夜有人携匕首至卧内，遽褰幃帳，公起坐問曰誰何，曰：「某來殺諫議。」

又問曰：「誰遣汝來？」曰：「張相公遣某來。」蓋是時張元夏國正用事也。魏公復就枕曰：「汝携予首去。」其人曰：「某不忍，願得金帶足矣。」遂取帶而出。明日，亦不治此事。俄有守陴卒報城櫓上得金帶者，納之。時范純祐亦在延安，謂公曰：「不治此事爲得體。蓋行之則沮國威，今乃受其帶，是墮賊計中矣。」魏公握其手，再三嘆服，曰：「非琦所及。」麈史

公與范公同召拜樞密使副。公自請捍邊，至五表，不聽。既至，又與范公伸前議，同決策上前，期以兵覆元昊。會夏國送款，公謀不果用，范公每恨齟齬功不就，故作閱古堂詩叙其事，傳于世。

初，夏人方議和，公以謂邊備不可弛，請與范公俱出按行。遂命公宣撫陝西，范宣撫河東。范請益兵屯河陽、蒲中及以兵從，公以爲不必請兵。上前議未合，退於殿廬中，猶爭。公曰：「若爾則臣乞自行，不用朝廷一人一騎。」范色忿，欲再請對，道公語。公笑止之。會富公贊公説，卒不發兵，范亦不以爲忤。家傳

公至關、陝，以兵數雖多而雜以疲弱，耗用度，選禁軍不堪征戰者，停放一萬二千餘人。後田況乞選諸路軍不堪戰者爲厢軍，云：「若謂兵驕久，一旦澄汰恐致亂，則去年韓琦汰邊兵萬餘人，豈聞有爲亂者哉！」家傳

時仁宗以天下多事，急于求治，手詔宰相杜衍曰：「朕用韓琦、范仲淹、富弼，皆中外人望，有可施行，宜以時上之。」又開天章閣賜坐，咨訪急務。公條九事，大略備西北，選將帥，明按察，豐財利，抑僥倖，進有能，退不才，去冗食，謹入官。繼又獻七事。議稍用而小人已側目不安。二府或合班奏事，公必盡言，事雖屬中書，公亦對上指陳其實。同列尤不悦，獨仁宗識之，曰：「韓琦性直。」行狀

蘇子美輩爲進奏院事發，仁宗爲讒者所惑，夜遣中使散入大臣家捕同飲者。公明日對曰：「夜來聞遣官遶京城捕館職，甚駭物聽。此事但付有司，自有行遣。」上色悔久之。別録

諸人欲以進奏院事傾正黨，宰相章得象、晏殊不可否，賈昌朝參政陰主之，張方平、宋祁、王拱辰皆同力以排，至列狀言「王益柔作傲歌，罪當誅」。公時在右府〔六〕，因兩府同對言：「益柔狂語，何足深計較？方平等皆陛下近臣，今西邊用兵，有何限大事不爲陛下論列，而同狀攻一王益柔，其情亦可見。」上遂釋然。別録

徙知鄆州，京東素多盗，捕盗之法，以百日爲三限，限中不獲者抵罪。盗未必得，而被刑者甚衆。公請獲它盗者，聽比折除過，捕者有免刑之路，故盗多獲。朝廷著爲天下法，至今用之。家傳

徙鎮定。定州久用戎將，治兵無法度，至于驕不可使。公至，即用兵律裁之。察其横

軍中尤不可教者，捽首斬軍門外。士死攻圍，賻賞其家，溫其孤兒〔七〕，使繼衣廩。恩威既信，則效古兵法，作方員鋭三陣，指授偏將，日月教習之。由是定兵精勁齊一，號爲可用，冠河朔。河朔歲大歉，爲法賑之，活饑人七百萬〔八〕。鄰城旁路，剌取其法，視中山隱然爲雄鎮，聲動虜中。行狀

定卒惡米陳下，執籌不請。公時爲帥，聞之，馳入倉。羣卒約十餘人〔九〕，皆持米前訴，公曰：「米乃如此！」餘人皆退，後出懷中米一裹曰：「琦亦請此。朝廷置此米，一斗約八鐶，内地不售一百。今雖陳下，售猶不失四鐶。適皆自汝扇揺！」命盡戮十卒於前，公凝然不動，一軍股慄。遺事

中書習舊敝，每事必用例。五房史操例在手，顧金錢惟意所去取。所欲與，白舉用之；所不欲行，或匿例不見。公令删取五房例，及刑房斷例，除其冗謬不可用者，爲綱目類次之，封縢謹掌。每用例，必自閲。自是人知賞罰可否出宰相，五房史不得高下于其間。行狀

公自爲相，即與當時諸公，同力一德，謀議制作，全補天下事〔一〇〕。所汲引多正直有名，或忠厚可鎮風俗，以公議用之，士莫自知出何人門下。嘉祐四年，下祫饗赦，事多便民者。命諸路舉學行尤異，篤遺詣京師，館于太學，試舍人院，差使授官。立柴氏後爲崇義公，法春秋存亡、繼絶之義。擇才臣，詣四方，寬恤民力，籍户絶田租爲廣惠倉，以廣賑恤。